闘う読書日記

САМИЗДАТ サミズダット

ЮСУКЕ МИКИОВИЧ САТО

佐藤祐介

Art Days

著者　佐藤祐介

京都の姉宅そば

鹿児島での放射線治療のさなか。家族も長期逗留。
（左端が著者）

珍しい破顔一笑　姪の果林と

発病後、慶應病院裏

作務衣を着た著者

沖縄での転地療養

小林秀雄の墓を訪ねて

鎌倉の割烹『鉢の木』にて

闘う読書日記

目次

かみなつきに記す（一九九八年十月）

しもつきに記す（一九九八年十一月）

ロング・グッドバイ～最後の《教養人》として生きた君へ

野尻　英一（大阪大学人間科学研究科・准教授）

《教養人》とは、何だろうか。

日本社会においては死に絶えて久しいとも言われる。明治、大正、昭和前期にはそうした存在はあったと思われている。今日《教養》と呼ばれるものに何を期待するかは、人によって異なるだろう。実物を見たことがないうえに、イメージや期待するものが人それぞれであれば、これが《教養人》だと断定することが難しいのも道理だ。自分より豊かな知識や見識を持つ人と出会ったとして、さてその人が《教養人》であるかどうかは、教養人そのものを見たことがなければ、定めようがない。

と、ここまで述べて言を翻すようだが、実は私は私なりに、《教養人》とはどういう人であるかイメージすることができる。

《教養人》とは、《教養》について、決して言い訳をしない人だ。

いやお互いなかなか時間がないですね、忙しいですね、自分の専門のことで手一杯でとても幅広くは勉強ができません、読まなければならない本が多すぎて一人の人間の時間と能力では不可能です、と私たちは言い訳をする。そうしてあきらめるのが通例である。人類の知的資産は膨大である。世界中の万巻の書を通読するなど、実際のところ不可能に近い。しかしながら《教養人》という言葉で人々が期待するのは、そうした言い訳やあきらめを口にしない人である。人類の知的資産を受け継ぎ次世代に渡していくことの必要と責任を強く感じ、継承者であることをみずから引き受けようとし、そして実際に膨大な時間と労力と生まれ持った能力とによって、それを成し遂げた人に出会うとき、人は《教養人》の姿をそこに見出すのだ。古今東西の書を読み尽くすことなど誰にもできない。また単に読み尽くしただけでも《教養人》ではないだろう。それをもって人類の歴史に貢献しようという意図がそこに備わっていなければならない。だから問題は、《教養》についての責任感と、それを言い訳せずに実行する使命感があるかどうかなのだ。それが《教養人》の風格を作るだろう。

佐藤祐介君は、初めて出会った二〇代半ばの頃、すでにそうした風格を備えていた。私が《教養人》について自分なりのイメージを持つことができるのは、彼と出会ったことによる。いまでも私は、彼の影を追い続けている。

初めて出会った日のことは、よく覚えている。私が哲学科への大学院進学を決意し、それに向けて勉強を始めた頃、早稲田大学第一文学部の同級生であるフジタという友人が、私に「サトー君」を紹介してくれた。ノジリは大学院に行くのだから、「サトー君」には会っておいたほうがいい、とフジタは言う。なにか文学部界隈では有名な人らしい。とてつもない読書量と頭の良さを備えた人なのだと言う。ウォーキング・ディクショナリーと呼ばれているらしい。「サトー君」という人はとにかくすごい人だとあまりにフジタが言うものだから、別世界の住人に会うような、少し怖い前印象を持ってその日、私は待ち合わせ場所に向かった。

文学部生協横のコンクリート階段を登ったところにある、テラスと言うには殺風景な、中二階の屋上のようなところにベンチとテーブルが並んだスペースがあった。学生たちが弁当を食べたりタバコを吸ったり缶ジュースを手に話し込んだりする場所だ。そこでフジタは「サトー君」と私を引き合わせた。ところが引き合せるなりフジタは、何らかの所用で席を外してどこかへ行ってしまった。私は恐るべき教養と知性を持つというサトー君と二人きりで向かい合うことになった。何を話すべきか。サトー君は黙って煙草をふかしている。《教養があるんだってね⁉》そんなバカな。《哲学専修なんですよね。好きな哲学者は誰ですか？》いや凡庸すぎるな。私が逡巡するあいだ、サトー君は落ち着き払って沈黙している。この間、七秒くらいか。ありきたりな愛想をふりまかない独特なサトー君のリズムに、私はすでに巻き込まれていた。

と、煙草を片手にかかげつつ、眼力鋭く眼鏡の奥からやや斜に睨めつけるポーズを取りながら、サトー君はおもむろに口を開いた。

「《ギンセ》がお好きだそうで」

「はい?」

《ギンセ》ってなんのことだっけ。そんな哲学者いたっけな?私にはわからなかった。それよりも昭和前期の文豪かくあろうと思わせる重厚なトーンで語りかけてくるサトー君の迫力に、私はびびっていた。

「あ、《アオセ》のほうでしたか?」サトー君はすぐに言い直した。しかし私には《アオセ》もわからない。これは何のテストなんだろう。焦る。だがまったくわからないのだから、ここは降参するしかない。私は何かをしくじったのだ。早くもこの友情はうまくいきそうにない雲行きを示していた。

「ごめん、何のことかわからない」私は素直に認めた。するとサトー君のほうもやや慌てた様子を見せ始め、説明し直す。

「あ、すみません、ハヤカワ文庫のことです。フジタさんからSFがお好きだとお聞きしましたので」

何だそういうことか。確かに私は小学生の頃からSF小説が好きで、ハヤカワSF文庫ももちろんよく読んでいた。SFファンの世界では、初期のハヤカワ文庫の銀色と現行の水色の背を指して《ギンセ》《アオセ》などと呼ぶことがある。マニアには通用する隠語のようなものだった。私はSF好きではあってもいわゆるファンダムの世界には縁がなかったので知らなかったのだが、それを私が知っているとサトー君は思い込んで、符牒を投げかけてきたのだ。

あとになってわかったが、あれは彼なりに精いっぱい私に敬意を払い、愛想をふりまいてくれた初対面の挨拶だった。彼もまた緊張していたのだ。

その後、ひとしきりハインラインやクラークの話をしたのだろうと思う。欧米のハードSFの話をサトー君とするのは、いつも楽しかった。SFが好きだという人と出会ったことはあったが、話をして面白いと思ったことはなかった。私は作品や作家について、ただ「○○が面白い」や「○○が好き」を共有したいのではなかった。私は、議論がしたかった。欧米のハードSF作品に見られる哲学、思想、宗教、そこに表現されている人間観や社会観や文明観について論じたかったのだ。一般のファンたちも、設定やプロットの技巧、登場キャラクターやメカについての議論はするのかもしれない。しかし作品の「中身」について、つまりSF作品に表現されている「世界観」や「思想」について議論できる人に、私はそれまで出会ったことはなかった。サトー君は私が生まれてはじめて、正面からガッツリと組み合って、SF作品の「思想」について議論ができる人だった。彼は驚くべき広く深い《教養》の上に、それができた。私にとってこんなに嬉しいことはなかった。しかもそれは、思想、哲学、宗教、文学、芸術に深い造詣をもつサトー君にとっては、余技の一つにすぎなかった。

私は一九七〇年の生まれで、いわゆる《教養人》なるものについては、文壇や論壇で伝説的に語られる著名な作家や学者の伝聞にしか触れたことがなかった。埼玉県の片田舎の公立学校に通う中学生や高校生の頃、私の周囲にはそうしたものの実在を感じさせてくれる片鱗もなかった。それは時間的に遠い過去か、でなければ距離的に遠いところにあった。砂漠の彼方に蜃気楼のようにきらめくユートピアのようなものだった。博覧強記で確固とした思想を有する《教養人》たちのレジェンドを読んでは、いつかそうした人々と自分の人生は接することがあるのだろうか、と焼け付くような憧れと焦燥と飢餓にさいなまれていた。砂漠を放浪する私の飢えは、早稲田大学文学部でサトー君という奇跡の泉にたどり着くことによって、満たされることになる。サトー君との出会いによって私は、《教養人》とはどういう人であるのか、少なくとも、どういう人間であろうとする人のことを指すのか、明確なイメージを持つことができたのだ。

彼はまったく驚嘆すべき人だった。先にも述べたように思想、哲学のみならず、文学や芸術にも通暁し、いわゆる古典名作と呼ばれるものにことごとく目を通しており、そのすべてについて自分の意見を持っていた。しかも、社会を変革しなければならないという明確な目的意識とともに、だ。私はサトー君の呼称は「ウォーキング・ライブラリー」にあらためるべきだと主張した。私の専門である哲学について言えば、彼は二〇代半ばの時点で西洋哲学の重要古典に通じているだけでなく、日本思想まで勉強していた。東西の古典に通じることは、哲学徒ならば誰もが必要であると感じ、達成したいと願う理想である。しかしそれが難しい。なかなかできない。理由の一つは哲学書を理解するには時間がかかるからだ。幅広く読むことをあきらめ、狭いところで仕事をし、業績作りに邁進しなくては、大学院を修了し、大学教員になることはできない。つまり大学教員になるには、少なくともいったんは、《教養人》であることをあきらめるしかないのだ。サトー君はそれをあきらめなかった人である。だから大学教員のようなものに彼はならなかった。今日では《教養人》たらんとすることは、ますます難しい。彼のような人に出会うことはもうないだろう。

あるとき、彼は私たちの前から姿を消した。理由はわからない。

私はこの一七年間、彼からの連絡を待っていた。いつか交友を復活させ、ともに本を出したいと思っていた。しかしそれは、叶わない夢となった。つい先週のこと、サトー君が二年前に亡くなっていたことを父上から知らされた。紙幅が尽きたので、彼と出会って始めた「鉢の木会」については、機会をあらためて述べたい。いくつもの夜を彼と仲間たちと議論しながら明かした。サトー君と電話で何時間も話し込みながら取った研究メモがいまでも私の手元にたくさん残っている。本書に「友人の研究室に向かう」とあるのは、私のことだ。私が早稲田大学の助手だったときに、研究室に招いて議論した日のことである。また「友人たちとの会合」とあるのは、「鉢の木会」のことである。

本当のサヨナラを言うには時間がかかる。

これから私は、サトー君の《教養》についての責任感と使命感を受け継ぐことで、長い時間をかけて、彼への本当のサヨナラをしていかなければならない。

再会した君へ

大岡　淳（演出家・劇作家）

君に初めて出会ったときのことは今でも覚えている。お互い大学一年だ。出会いがしらに「ルソーの『社会契約論』をどう思いますか」と君は聞いてきたのだった。どう思う、と聞かれても、こちらはルソーなんてまだ一冊も読んでいない。ただ入門書の類で、ルソーの『社会契約論』の概要くらいは知っている。読んでいないから特に意見はない、で話を済ませるか、読んでいないなりに、手持ちの知識で議論に乗るか、判断に迷う。それにしても、初対面で、いきなりルソーについて議論をふっかけるか普通？　加えて、「どう思うか」などという漠然としたクエスチョンをふっかけるか普通？

逡巡したのち、知ったかぶりで議論を始めても軽蔑されるだけだろうと判断した私は、特に関心を持っていない、だから読んでもいない、と馬鹿正直に答えたのではなかったか。君は表情を曇らせ「ああ、それは残念です」、では君のルソーへの関心は奈辺にあるのかと逆に尋ねたら、「ルソーの言う『シトワイヤン（市民）とオム（私民）の分裂』は、マルクスの言う『国家と市民社会の分裂』まで、あと一歩です。自分のようなマルクス主義者から見れば、うーん、惜しい、と感じます。」

私がルソーを読みながら、ああこの考え方をもう一歩進めればマルクスだ、と感じたのはずいぶん後のことで、そういえば君がそんなことを言っていた、とそのとき思い出し、改めて君の明晰さに唸ったことを認めよう。それにしても、ずいぶんとぎこちない出会い方ではあった。このぎこちなさは終始、君と私の間に漂っていたような気もする。あるいはこうも言える――いつ顔を合わせてもぎこちない、そのことによって、我々は紛れもなく友人同士だった。

私は、もともと政治に対して関心が強かったし、既に予備校時代に全共闘世代の講師たちの影響を強く受けていたのだけれど、しかし大学では、学生運動の類には一切触らないと決めていた。自分は「六八年的なもの」が失効した、という前提から出発したいと考えていたからだし、それに、我々の大学で運動めいたことをしようと思えば、たちまち新左翼党派やらカルト宗教団体やら、怪しい連中の餌食になることが目に見えていたからだ。だから、我々の学部の自治会に、党派への所属を拒絶しながら入会しているメンバーが数名存在すると知ったときの衝撃は、言い知れぬものがあった。いまどき、相当賢いか、相当馬鹿か、どちらかだろう。いずれにしても喋って損はないと思い、好奇心から、私は君たちと親しくなったのだった。

そのひとりが、語学クラスの友人であったTで、彼は高名な演出家の子息でありながら演劇にも文学にも一切関心を持たず、ただ思索を深めることには妙なこだわりがあったからか、三浪して文学部に迷い込んできたのだった。平素は昼寝と麻雀と喧嘩をこよなく愛するそのバンカラなキャラクターは、妙にこの大学に合っていると思いはしたものの、しかしもう一九九〇年である。昼寝はともかく麻雀と喧嘩は時代錯誤そのものではあった。記憶が定かでないが、このTが、君たちと私を繋いでくれたはずだ。さらに、消防士になりたいと将来を決めている、クールでニヒルに見えて実は熱い正義感の塊であるF、在学中に「渋谷系」ミュージシャンとしてプロ・デビューを果たすことになるK、そして、万巻の書を読むことをなりわいとする「主義者」のS——つまり君。この四名が、自治会内の非党派メンバーだった。

会ってみると、四名とも、「学生自治は大切だと思うから自治会に入ったが、某党派に加わる気はさらさらない。ただ是々非々で、彼らと政治行動を共にすることはありうる」なんて、涼しい顔をして話している。一九九〇年にこんな人種が存在するのか、これがいわゆるノンセクト・ラジカルってやつか、と驚き、この大学に入って正解だったかもしれない、とも思った。要するにこの人たちは、相当賢く、同時に、相当馬鹿だ。つまり、愛すべき人種だ。そう結論づけた。私は自治会に入る気はなかったが、君らとたちまち親しくなり、機会を見つけては酒を飲むようになった。やがて、強烈な個性の持ち主がそろったこのメンバーの中でも、理論的な中心となっているのが君だとわかった。読書量と理解力がずば抜けていたから当然のことだが、だからといって決して、君がリーダーシップを発揮していたというわけではない。そういう四人の緩やかで水平的な関係性は、なかば傍観者の位置にいた私の目には魅力的だった。ついでながら、俳優経験のあったKは、大学三年の折に、私の演出家としての処女作である、ハイナー・ミュラー作『ハムレットマシーン』に出演することになる。魅力的な人物に出会ったら、「演出」して目立たせたいと考えるのが、私の性分ではあったから。

私と同じく哲学専修に進んだ君は、ほとんど大学の講義に顔を出すことはなかったと記憶するけれども、どういう気まぐれか、ただ一度だけ講義における発表を引き受けたことがあったね。たぶん友人である我々が、やれ！やれ！と囃したのも一因ではあっただろう。あれは、フォイエルバッハの主著『キリスト教の本質』を一年かけて講読する講義であった。君が、私的な研究会の類ではなく、大学の中で、ああいう学術的な内容の口頭発表をしたのは、あれが最初で最後だったのではないだろうか。残念ながらもう内容についてはほとんど記憶していないが、フォイエルバッハの疎外論の概要と限界について、君が淡々と、訥々と、しかし明晰に語ってみせた様は実に見事で、ふだんの、凡庸さと退屈さしか伝わってこない担当教授の講義を吹き飛ばす爽快ささえ、感じられたのだった。終わってから、私はただちに君に感想を伝えたはずだ――さすがだ、君はこういう「啓蒙的」な営為を嫌うかもしれないが、そもそも大学は「啓蒙的」な場所なのだから、他の講義でもどんどんやるべきだ、読書三昧は大いに結構だが、もっと講義にも出てきて、皆の前で話しなよ。なにしろその頃の私はと言えば、君の足元にも及ばない、わずかな勉強量しかないにもかかわらず、様々な講義で挙手して発表を引き受け、時に他の学生たちを挑発し、時に教授に論戦を挑み、さらに時には学術的なサークルに乗り込んで「道場破り」「他流試合」にまで及んでいたから、君のように博識な友人が、論争家として「同志」となってくれることを望んだのだ。しかし、君を人前に引きずり出そうという私の「演出家」らしい望みは、叶うことはなかった。

この講義発表があったのとほぼ同時期だと思うのだが、とすると一九九二～三年、大学三年のとき、学費値上げ反対闘争に君らはコミットしていた（ただし、「値上げされても別に俺が困るわけではない」という理由でネグレクトしたTを除く）。「定額スライド制」による学費値上げに反対し、党派の面々と共に、君らは連日マイクを握ってストライキを呼びかけていたが、その姿を眺めつつ前を通り過ぎる私は、複雑な気分だった。ああとうとう君らに「赤紙」が来たんだな、と、他人事のように割り切ることにした。学費値上げに反対する、という主張はもっともだと思いつつも、多くの学生が親に学費を負担してもらっている以上、その金額が妥当か否かを判断するのは親であって、子である我々ではない。我々の多くはしょせん、ブルジョアジーの恵まれた家庭環境に生まれ育ち、金銭的には底上げされた人生を歩んでいる子弟に過ぎないのだから、お金を動機とする階級的な闘争にコミットするわけがない。現に私自身、君らの演説を聞くたび、「いやそれはウチの親が判断することなので……」と、なにやらばつの悪い思いをしながら、立ち去るしかなかった。

「まあ彼らだって、自治会に属しながら何もしないってわけにもいかないだろうし……」などと、私は自分に言い聞かせた。

そうこうするうち、それなりに騒然とした闘争も終わりを迎え、久しぶりに再会した君は、ずいぶんと暗い顔をしていた。「……まあ彼らだって、自治会に属しながら何もしないってわけにもいかないだろうしもう大学を辞めます。」え、なぜ?! 「学生が立ち上がらなかったからです。」

そう聞いてますます仰天した。ちょっと待ってくれ、じゃあ今だから本音を言うけれど、学費値上げ反対なんていうイシューで、いまどきのブルジョア学生が立ち上がるわけがないじゃないか、僕にしてからがそうだ、なのに君は、学生大衆が闘争にコミットすると、本気で信じてやっていたのか?! そういう私の不躾な問いかけに対して、君は腹を立てることもなく（腹を立てる気力すら残っていなかったのだろう）、もちろんだ、そう信じずにやれることではない、と静かに答えたのだった――憔悴しきった表情で。

その様子を見ているうちに私は、しまった、迂闊だった、という思いにとらわれた。君らは――いや君は――本気だったのだ。私はてっきり、「どうせ勝利するはずもないが、たまには闘っておくか」くらいの軽いノリで、君らがコミットしたのだと思い込んでいた。いや、FやKなら、あえてシニカルに「その通り」と答えたかもしれない。しかし、「主義者」である君は、そのようなシニカルな身ぶりとは無縁の男であった。軽いノリで行動など起こせない男であった。そして確かに、闘争に敗北したけじめをつけるために大学を辞めるなどという、常人の理解を超えた倫理に従いかねない男であった。なぜそのことに気づかなかったのか、と、私は自らの迂闊を悔やんだ。闘争に敗北した友人への不躾な発言を悔やんだのではない。そうではなく、君は後戻りできないところに来てしまった、そうなる可能性を私はこの数か月間見過ごしていた、君の見通しの甘さを批判するなら、事が済む前に言うべきだった――そう後悔したのだ。

時間の針を戻せるなら、この闘争にコミットすると君が決意した時点に遡り、「敗北必至の闘争にコミットする意味とは何か、自己満足以外に何があるのか」と議論をふっかけたいと痛切に思う。もちろん、そう私が挑発したところで君は構わず闘争にコミットし、敗北して大学を辞め、読書と思索を重ねる日々を生き、来るべき「革命」の日に備えながら、結局その日を迎えぬまま、ひっそりとこの世を去ることになっただろう。つまり、たとえ時間の針を戻したところで、私はべつだん君の人生に影響を及ぼせるとは思っていない。ただ、事が済んだ後で批判に及んだ、己の間の悪さを恥じ入るばかりである。

こんなことを思い出すにつけても、誠に我々の友情は、終始ぎこちなさを介していたと思わないか、佐藤君。

大学を辞めた君に、ほどなく笑顔が戻り、我々はまるで何事もなかったかのように、議論し、酒を飲み、また議論し、また酒を飲み、という日々を取り戻した。君は、もうやりたいことだけやって生きていく、と割り切ったと見えて、憑き物が落ちたようにスッキリしていた。読書と、思索と、交友と。ただ私の目には――今更こんなことを言うのは、死者に鞭打つようでためらわれるが――大学を辞めたことで、何かギリギリのところで保っていた緊張感を、君が喪失したのではないかと感じていた。

思えば君は、こう断言していたのだ――「三十歳を越したら党派活動に専念する」と。我々はもちろん、その発言を冗談とは受け止めていなかった。そうか、三十歳を越したらいよいよ革命か、であれば自分はそれまでに、革命への気運を高めるための文化活動にいそしもう。私の場合は、そんなふうに受け止めて、演劇活動を始めていた。

つまり我々は、君から影響を受けて、なにほどかマルクス主義者ではあったのだ。ただしそれは、自分なりに勉強を重ねた結果としてマルクスに至ったというより、君のように、他の追随を許さないレベルの読書と勉強と思索を重ねてきた人間が、「マルクスがいちばん正しい」と言うのだから、きっとそうなのだろう、信じよう、という、人間的信頼によるものだった。

しかし三十歳を過ぎても、君は「党派活動」を始めることはなかった。それでだんだんと、君が口にした「党派活動」「実践」「革命」とは、君のふだんの読書と思索の日々を正当化するために持ち出された大義名分に過ぎなかったのか、と思えてきた。実際、三十歳を目前にした君のこの日記を読む限り、「党派活動」の開始までもう時間がない、というような切迫感は全く認められない。そう気づいて、私は妙にホッとした。「革命」だなんてやはり若気の至りだったか、と嘲笑するつもりは毛頭ない。それを言えば、君の言う「革命」を信じた自分自身をも嘲笑することになる。ただ私は、あの学費値上げ反対闘争に続いて、君が私の知らない、第二第三の政治的挫折を味わっていなくて良かった……と思ったのだ。

いや、そうではない。

そういう言い方は温和に過ぎる。私自身は、「実践」と言うのであれば、「実践」に次ぐ「実践」の積み重ねの中で、なんとかして思索も重ねてゆく、というスタンスの人間だから、率直に言えば、君がいつまで経っても「実践」を開始しないことに苛立っていた。大学在学中の方が君にはまだしも緊張感があった、それは、いくら講義に出ず下宿で読書に耽っていようとも、「大学生」という役割を否応なく背負わされてしまうからだろう、何もしなくても日々その役割を遂行しているとみなされる、それはつまり、無為のまま社会と接する「実践」を重ねているようなものだ、そこに緊張感が生まれる理由があったはずだ、だからこそ闘争にも参加したのだろう、しかし今はどうだ、役割から解放された君は、いよいよノホホンと読書に耽るばかりではないか、「党派活動」は、「実践」は、「革命」はどこに行ったのだ！　約束と違うではないか、同志S！　……そう思いながら、それを口にしてしまえばこの友情は終わってしまうかもしれないと予感して、そうまでストレートな非難を口にすることはできなかった。しかし聡明な君のことだから、私が君に対してそんな苛立ちを抱いていたことは、たぶん察していただろう。察していながら、君もそのことを取り立てて話題にはしなかった。そういうぎこちなさによって、我々の友情は、かろうじて命脈を保ったということかもしれない。

とすると、この日記を読んで私がホッとした理由は、もっと単純なことだ。私が知っていたのと変わらない君が、そこにいたから。それに尽きる。

しかし思い返せば、舞台の業界や教育の業界で「実践」に次ぐ「実践」を重ねていた（つもりの）私が君に対して「このまま何もしないつもりなのか」と軽口を叩いたことは、実際のところ幾度もあったように思う。君はそのたび、ニヤニヤと愉快そうに受け流していたと記憶するが、そういう問いかけを鋭く君に突きつけていたのは、他ならぬ君自身であったということも、この日記を読んで改めて気がついた。君が「オブロゥモフだけはいやである」という自嘲を頻繁に書き記す点に、それがあらわれている。むろんこういう自己批判は、本気で突き詰めてしまうと、精神的な危機に陥るだろう。だから君は、自虐ではなく自嘲、すなわち、ユーモラスに自己を批評する道を選んだ。つまり君にとって、怠惰な無用人オブロゥモフ氏は、生涯手放すことのできなかった良き友であったということになろう。

それから、君が私のスタンスをどう見ていたかも、この日記のおかげで飲み込めた。十一月二二日の日記には、君が私の演出した芝居を観に来てくれたことが、好意的なニュアンスで記されている(ちなみにこの芝居は、私が主宰していた商品劇場の最後の作品、エレーヌ・シクスー作『マデュバイ小学校奪取』である)。だがそのいっぽうで、十一月十三日の日記にはこうある。

楽しくないし、つらいけれども奴隷になってはマズいのだ。専門家とみれば、すがりつく、こうした態度はマズいのだ。育児の専門家から葬式の専門家まで、ありとある専門家が今の世の中に満ちている。医者や弁護士、坊主といった古くからの専門家ときては、数も種類も増えている。こうした専門家たちの専門は人生のすべての問題にわたっているから、楽に生きたく思うのならば今ほど楽な時代はない。生きていく上で何かあったら聞けばよい、人生に悩んでいるのは馬鹿みたようだ。けれども、奴隷になりたくないならば、悩んでいくしかないだろう。他人に已れの人生を任せてしまう態度から、離れることで悩むのだ。自由は楽なものじゃない。楽しくないし、無闇につらい。とはいえ已れの人生を生きるつもりがあるならば、専門家なんど信ずるな。

感動させられる一節だが、ここで言う専門家には、当然ながらこの私も含まれている。そういえば、君が私を「文化産業従事者」と呼んだことがあった。あのときはその意味が呑み込めなかったが、今ようやく理解できた。君は現代社会における専門分化の進行に危機意識を持っていた。そういう視点からすると、私のような舞台人も当然ながら、「文化産業従事者」に腑分けされる一介の専門家に過ぎない。つまり、なるほど「実践」は大切だけれども、大岡がやっているような「実践」は、重ねれば重ねるほど自ら専門性の閉塞に陥ってしまう類のもので、社会全体にかかわる「実践」からは、却って遠のいてしまう。君はそう言いたかったのだろう。ただ厄介なことに、専門家は誰しも、タコツボに嵌ろうと望んで嵌るのではない。そうではなく、専門化を徹底することが、社会全体の役に立つと信じて嵌るのだ。つまりそこには、紛れもなく、涙ぐましいほどの、全体性への希求がある。私がそう反論すれば、君はこう答えるだろう――しかしそれは、ほかならぬ自分の人生を抜きにした全体性ではないか。そんな全体性に何の意味があるのか、と。
ふむ、「自分の人生」だなんてまた古風だね、そんなものは犬にでも食われろ。専門分化も結構、メリト＝システムもホワイト＝カラァも結構結構、この資本主義のアクセルを踏み込んでついに人類が破滅を迎えれば、万人が死に絶えるという意味で、真に平等なユートピアが訪れるではないか。そういう全体性で大いに結構だ。
こんな具合に、複雑化した社会の歯車に徹して、加虐的でもあれば被虐的でもある悦楽を覚えるくらいには、私もありふれた社会人になったよ、佐藤君。しかし今日は、君の立場を尊重しよう。そこで問う、人間誰もが自分の人生を取り戻すことができるような全体性とは、いったいどんなものなのか？　そんな全体性がありうるとして、そこへ至る「革命」を、君は留保に留保を重ねて延々と繰り延べにして、ついに自分の人生から放り出してしまったのではないか？　つまり、君はやはり、自己矛盾に陥ったオブロゥモフだったのではないか？
君はこう答える――十一月二十日の日記。

大きな目的は、一気呵成に成し遂げることができない。一気呵成に成し遂げられるものならば、それは小さい目的に過ぎないのである。小さいからと言って詰まらぬものとは考えないが、やはり目的は大きい方が良いと自分は判断する。精巧な根付けより、粗雑な大仏を自分は好む。精巧な大仏ならばさらに好む。根付けは一人で作れるし、一人で所有するものだ。大仏だったらそうはゆかぬ。大仏は、皆で作り、皆で所有するものである。同じように、人に使われ人を使う、互いが互いの役に立つ、そのような目的は大きいものだ。こうした大きな目的を成し遂げようとするならば、無茶をするのは禁物であるだろう。今できることをやってゆく他に手はあるまい。

これに続く記述がまた感動的なのだが、引用はここまでとしよう。君の日記に記された思索の原石の数々は、磨けば光る宝石だ。とりわけ、革命による人間解放を目指す者にとって、ソビエトの成功と失敗から学ぼうとする君の着眼や、先進資本主義の問題点を剔抉しようとする君の洞察は、大いに参考になるだろう。いっぽう私はと言えば、君の日記に幾度も頷いたうえで、それでもなお、専門化の道を突き進むことをやめないだろう。深く深く穴を掘り進むうちに、いつしか敵の屋台骨に一撃を加える瞬間が訪れるのでないかと期待しているからだ。それが私の生き方だ。つまり、もはや私は君の「同志」ではないし、君は私の「同志」ではない。今や私は君にとって――あるいは、君は私にとって――「ライバル」となったのだ。

君に最後に出会ってから、もう二十年ほどが経過している。思いがけず、二八歳の君と再会することができて、とても愉快なひとときだった。日記を読み終えた今こそ認めようではないか――君の読書と思索は、それ自体が「実践」であったと。君は、来るべき「革命」を放逐したのではない、そうではなく、日々「革命」と共にあったのだ。さあ友よ、安心して、オブロゥモフ氏に別れを告げたまえ！

闘う読書日記

かみなつきに記す

足立巻一『やちまた』

朔日　（恐らく）木曜

雨天、終日肌寒し。午後に起床したため、情けない気分で一日を過ごすことになる。起床後そのまま外出し、諸般に入り用の品々を購入。

『やちまた』を読み出す。素敵に面白い。未だ少ししか読んでいないけれども、『やちまた』は「史伝小説」であるという感が強い。そのためか、ここしばらくはなかった小説特有の感興を、頁を繰るたびに覚える。

この小説文学と歴史の共有するところが、伝記であることは謂うをまたないだろう。勿論、山陽の『外史』やミシュレの諸著作なんどを文学作品と見なすことは出来よう。しかし、それらの作品は小説文学の作品ではあり得ない。ハックスリの塁によって言えば、小説文学は作者の卑俗性に基づくものであるからだ。作者が小説の材を、如何に現実から独立したものとして拵えようとも、拵えようとした必要は作者の現実的な欲求のうちにある。その限りでは、小説は作者の露出症の産物といえるのだ。そして、この露出症のおかげで、読み手は自らのうちに、気づくことの無かった欲求を発見し、感興を覚えることになる。

伝記において、この欲求は特定の歴史的人物への無闇な好奇心となって現れる。もっとも、伝記を著す者の好奇心は次の二つの側面の間を揺れ動いていることが多い。ひとつは、歴史的人物への好奇心であり、今ひとつは特定の人物への好奇心である。前者を中心に伝記が書かれるとするならば、それは歴史書との本質的な区別はない。悪くすれば歴史の通俗化を目して書かれたと思われても仕方ないだろう。後者を中心にした伝記は、何故に歴史的人物を材にとったのか理解に苦しむ。別に現代人を材にとってもよかりそうなものだと批判された場合に、答えることが難しかろう。伝記が真に歴史と小説文学とに共有されるためには、作者の欲求が「歴史上の」「特定の」人物への好奇心となって露出されねばならない。その点で、鴎外の「史伝小説」は見事に露出されたと言えるのだ。『やちまた』は、この「史伝小説」を想起させる作品であり、自分はここしばらく『やちまた』で楽しむことだろう。ここしばらくと書いたのは、『やちまた』には宣長や春庭からの引用が多く、自分の読解能力ではサクサク読むことが出来ないからである。

二日（恐らく）金曜

晴天、エラく暑かった。暑かったにもかかわらず、昼過ぎまで寝穢く寝てしまう。何だか腹が立つ。腹立ち紛れにと、そこで下宿の掃除にとりかかった。あらかたホコリを拭い取ったけれども、かわりに自分がホコリにまみれてしまい、仕方なしに風呂に行く。

下宿に帰り、豆腐を喰い、人参を噛む。腹がふくれたので『やちまた』を開いて、ノンキに数時間を過ごす。こんなことで良いはずはなくて、何だか腹が立つ。我ながらろくでもない時間の使い方だ。

時間といえば、「史伝小説」の面白さも時間に係わっている。少しく述べることとする。

歴史上の特定の人物を材にとったものが伝記であり、それ故、伝記は歴史と小説文学とが共有するところであることを昨日書いた。そして、伝記は、しばしば歴史にかたよったり、あまりに小説的になったりすることも亦、書きはした。書きはしたけれども、では真の伝記とは如何なるものであるのか、その説明はしていない。鴎外の「史伝小説」がそれであると言って事足れりとしているだけである。そこで、自分なりの「史伝小説」の定義をここで下しておこうと思う。

「史伝小説」は二つの時間の組み合わせである。材にとられた歴史的人物のたどった時間と、その時間をたどりなおす書き手の時間との組み合わせが「史伝小説」を成立させる。

E＝H＝カーの簡潔な表現に従えば、歴史とは現在と過去との対話である。歴史家にとって、過去とは所与のものではなく、常に彼がいる現実から捉えなくてはならないものとして存する。当たり前といえば当たり前の話であるが、資料をもとに歴史家の作業が行われるために、あたかも客観的な過去が資料として存在するかのような印象を与え易い。だが、資料を山と積み上げても、歴史は現れることはない。歴史は、歴史家の仮説が資料によって裏付けられるときにのみ、初めて現れるのだ。勿論、裏付けのための資料の取捨選択は不可欠である。歴史家の仮説において、これまで自明とされてきた資料甲の厳密性を疑い、かえって従来あまり重んじられなかった資料乙に注目するなんどといった取捨選択は欠かすことが出来ない。この取捨選択こそ、客観的な過去が存しない由縁であり、歴史が対話である由縁であるのだ。と、書いたところで今日は終わらせる。機械の調子があまりにおかしく、だましだまし鍵盤を打つのにさすがに疲れてきたからだ。腹が立ってきた。また明日。

三日（定かでないが）土曜

晴天、風強し。昼間に起床、マア良しとしよう。そのうち朝方に目覚めることになるはずだ。起床後すぐに顔をあたり、身綺麗な格好をして繁華街に出る。金策のためである。まずいことに使うばかりで当初の目論見は画餅に帰した。不義理と本ばかりを重ねているような気がする、なんどと口走りながら下宿へ向かう。

豆、乾パン、蜂蜜、人参。無闇に喰った。分不相応という言葉が頭をよぎる。マア良しとしよう。そのうち買い置きも切れて、エラい目に遭うのは確かなのだから。食後『やちまた』に少しばかり目を通し、ぼんやり考え事をして時間を過ごす。

とりあえず昨日の続きを述べる。歴史家と資料の関係についてであった。そして、資料が取捨選択されるという点で、客観的な過去は資料の集積にあるのではないことを昨日まで述べていたのであった。「史伝小説」と如何なる係わりがあるのかチト分かりかねることを述べていたわけだが、もう少し続ける。

さて、資料の取捨選択が歴史家の作業に不可欠であることが示されたとしても、次のような駁論によって、資料すなわち過去という考えが擁護されるかもしれない。

その駁論はこういうものだ。若し取捨選択が不可欠にしても、それはまがいものの資料と真正の資料とを分かつことであり、資料が客観的な過去を表すことには代わりない、というものである。

ここで次のような事態を考えてみたい。ある歴史家の目論見が、過去の礼の仕方を捉えることであったとする。そして、シナの史書のように厳密性に富んだ資料には「礼をした」と書かれているばかりで、かえって当時の稗史小説の類に綿々と礼の描写があったとする。こうした時、歴史家の注目する資料がどちらであるかは明らかだろう。厳密性に富んだ史書よりも、他愛もない作り話である稗史小説の方を、彼が選ぶことは確かである。だからといって、史書がまがいものの資料であり、稗史小説の類が真正の資料であると言うことはできない。稗史小説の類が客観的な過去を表すものと言うことはできない。曾我兄弟の逸話を本当にあったことと信ずるナイィブな者を除けば､右の事態が意味するところはすぐと理解されよう。歴史家にとっての資料とは、過去への中継器に他ならない。彼が目論んでいる仮説、彼が捉えようとしている過去は、中継器にはない。ただ中継器の向こうに存する、いや存する可能性があるばかりなのだ。

繰り返しカーの言葉を言えば、歴史とは現在と過去の対話である。つまり歴史家は、資料という中継器を用いて過去と対話しようとするわけだ。しかし、先にも言ったように、歴史家は彼が用いた資料を強調するため、対話をしている風には見えづらい。学問として歴史を扱っている以上、どの中継器を用いたかを明言する必要があるためである。おなじ中継器を用いても、歴史家が示した過去に出会えなかった場合、彼の歴史は学問ではない。恣意性を避けることが学問の特徴であるのだから、どうしても歴史家の示す過去は、資料が強調されることになる。それ故、歴史書を繙いても、著した本人である歴史家が見えづらいのだ。歴史家という現在が見えづらいのだ。そこで「史伝小説」の意味が出てくる。

書き手という現在と、書き手が対話しようと目論んでいる過去との、二つの時間が交錯することで、対話としての歴史が現前する。そのためには書き手の時間を述べることが要請される。例えば、何故に対話すべき過去に興味を持ったか、如何にして資料を探し出したか、そして資料をもとに対話した過去に納得がいったか否か、これらの事柄が述べられねばならない。述べられるべきこれらの事柄は、ひっきょう書き手の欲求であり、小説の形式にふさわしい。対話の相手として目論んでいる過去が、歴史上の特定の人物であった場合は尚更である。小説として著された現在と過去の対話、それを鴎外の「史伝小説」のうちに自分は見る。鴎外の「史伝小説」三部作には歴史が現れている。それは一読すれば明らかなことだろう。

四日（確実に）日曜

晴天、風少しあり。又ぞろ昼に目が覚める。とはいえ今日は日曜日、朝寝をしてもドウと言うことはないのだ、なんどと威張りながら辺りの音に耳を澄ます。近所の公園から何やら楽しげにわめいている声が、とぎれとぎれに伝わってくる。

寒くも暑くもない初秋の日曜の昼、いい陽気でもある。生真面目にもこの日曜を満喫してやろうと目論む人は多いのだな。生真面目なことはイイことだ、もっとも生真面目に息抜きをするのはいかがなものだろう。こう考え考えしながら、寝転がったまま煙草をふかしておるうちに、あることに気付く。何だかイイ香りがするではないか。もちろん自分の匂いではなくて、金木犀の香りである。無闇に強いその芳香は、煙草で鈍った自分の鼻にすら、己の存在を知らしめずにはおかないようだ。

押しの強い奴と同席すると、こちらまで物欲しげな気分になることはよくある話である。隣家から漂ってくる食事の匂いに困らされたことなんど、幾度あったか知れん。金木犀の香りも亦、物欲しげな気分を伝えてきて、おもてに出ていくハメになる。

おもてに出たら出たで、これという目的もないから少し困る。物欲しげな目付きをして散策するのがせいぜいのところだ。そこで目的もなく散策することを目的として歩き出し、本屋で物欲しげな目付きをしている自分に気付く。いつものこととはいえ、矢張り休日にまで行うことでもあるまい。まして金の心配をワザワザするのも馬鹿げている。こう考えて物欲しげな気分をこらえ、本屋を出る。しかし、初秋の日曜という物欲しげな気分が作用したらしく、そのまま喫茶店に入ってしまう。金三三〇を使うが、うまくもない茶を飲んだだけだ。どうも物欲しげな気分は金がかかるようで剣呑だ。教訓としておこう。

下宿に帰り、買ってきた出来合いの惣菜を喰い、人参を囓る。今日は食費に金を使いすぎた。食欲の秋という奴か。物欲しげな気分は食い物にまで及ぶのだから剣呑だ。教訓としておこう。

その後、例によって『やちまた』を読み続ける。いい本である。

五日　月曜

曇天、風少しありて肌寒し。終日、金策に励む。くたびれた。もっとも、世人にとってこの位のことは日常茶飯事であって、妻子を養うため、労働者としての誇りのため、ごねるまで止むことなく励んでいることを思わねばならない。くたびれたと言っている自分を恥じねばならない。

とはいえ、恥ずかしいけれども、くたびれた。本日はここまで。

六日　火曜

曇天、時折降雨。昼日中すらうすら寒く、ケットを剥いで起きあがる勇気に欠けた自分は、とんでもない時刻まで寝転がっておった。起床時刻を記す勇気にも欠けているので、情けない話だが、ここに時刻は記さずにおく。

豆腐、チィズ、乾パン、蜂蜜を喰う。一日ごろごろして、喰うことは喰うわけだ。あれは滔天だったか、このような間抜けを称して何とやら製造器と言ったのは。何とやら製造器とはdefecation machineの意味である。滔天は自責の念から、右の過激な言葉を用いたわけだけれども、齢三十三にしてあれだけシナのために働いた男である。その男が、かくも過激な言葉で反省しているのだ。ひるがえって自分は、と見れば、年もそう変わらないにもかかわらず無為徒食をこととしている。これでは何とやら製造器という言葉すら到底追いつかないではないか。何だか書いているうちに腹が立ってきた。ふて寝でもしてやろうか。

いや、悪循環になづみ、事故憐憫にひたっている程の勇気もない。脳に浮かび上がる詰まらぬ考えを書き散らして、ヘンテコな悦びをおぼえるのがせいぜいのところだ。マア、自分にできることをやるしかなかろう。出来る限り、詰まらぬことどもを書き散らしてやろう。

『やちまた』には次の言葉が記されている。

「わたしが知りたいのは結論ではない。結論に到るまでの過程なのだ」(上巻二四一頁)

これあるかな。歴史を描く者の態度は、右の言葉に端的に示される。どうしてその様な態度が要請されるのか、何故結論ではなく過程なのか、そこいら辺について少し書く。

先に述べた「史伝小説」の定義はこういうものだった。

「『史伝小説』は二つの時間の組み合わせである。材にとられた歴史的人物のたどった時間と、その時間をたどりなおす書き手の時間との組み合わせが、『史伝小説』を成立させる」

この定義で強調されるべきは、「時間」の語である。過去は点として存してはいない。どの様な過去もそれ自らの幅を持って存位している。現在と同様に。

確かに、自分も含む多くの者が、現在を過去と未来とをつなぐ点として考えることがある。しかし、現在の持っている意味、現在の渦中にいる者にとっての「現在」の意味を考えるとき、現在は幅を持って存することになる。いいかえれば、抽象としての現在ではなく、現在の具体的な出来事を考えるとき、現在は幅を持つのだ。

何故、現在の出来事があるのか、如何に現在の出来事があるのか、現在の出来事は変わるのか否か、等々。これ等のことがらに思いをいたすならば、現在の出来事が過去や未来にその触手をのばし、浸食していくことが分かるであろう。もちろん浸食していく過去や未来は、抽象としてのそれでなく、過去の出来事であり、未来の出来事としてある。出来事として考えられた現在は、出来事の延長として過去や未来のうちに幅を持つのだ。

もっとも、それは出来事が幅を持つばかりであって、現在が幅を持つわけではなかろうと考えられもする。そこで、過去から現在、そして未来に到る（と普通見なされている）時間をここで考えてみたい。

過去から現在、そして未来に到る時間は、大抵「流れる」と表現されるように不可逆性をその特徴とする。不可逆性とは、王様の家来とウマがみんなやってきても、壁から落ちたハンプティ＝ダンプティはもとに戻らないことである。この不可逆性があって初めて、過去と現在、そして未来の弁別ができる。できるけれども、この不可逆性にも前提が必要なのだ。それは、ハンプティ＝ダンプティが壁から落ちることである。

変化がなければ、不可逆性を認識するすべはない。時間が「流れる」のは、変化の不可逆性が前提となっているのだ。では変化するものは何か、そこで考えれば、変化するものは出来事であることが分かる。出来事の変化を伴わないで、時間が「流れる」ことを認識できはしないだろう。出来事そのものがなければ、時間を認識することすら困難だろう。

時間は、出来事の変化に基づいて認識され、弁別される。認識としての現在は、現在の出来事であり、過去の出来事の変化としてある。認識としての未来は、未来の出来事であり、現在の出来事の変化としてあるのだ。

勿論、だからといって先に述べた「過去と未来とをつなぐ点としての現在」という考えを否定するわけではない。点としての現在なる考えは、筋も通っており、明晰だ。例えば、幾何学の点の定義も、筋が通っており、明晰だ。そして、幾何学の定義にあった、現実の点は存在しない。だからといって、幾何学の定義が間違っていると考えたりはしない。まして現実の点を、点と認めることを否定したりはしない。ここで言わんとしていることは単純である。点としての現在なる考えは、現在の渦中にいる者が、現在の意味を捉えようとするには有効でないというだけだ。幾何学の点の定義は、幾何学の世界では有効だ。しかし、点としての現在なる考えは、幾何学の様な世界を持っているわけではない。一定の公理、公準さえ揃えば自足できる世界を、時間についての考えは未だ持ってはいないのだ。そこで、筋が通り明晰だというだけで、出来事を無視した時間についての考えを採用する必要はないだろう。何故ならそれは変化を語り得ず、変化を語り得ない以上は、意味を考えることもない。変化がなければ、意味は最初から決まっているか、もともと無いかのどちらかだからだ。にもかかわらず現在の意味を捉えようとする者が後を絶たないのだから、点としての現在なる考えは有効ではない。

そこで、出来事としての現在、幅を持つ現在を考えるわけだが、筋が通って明晰な考えを採用しなかったツケがまわってくる。筋が通らず不明瞭な現在と直面しなくてはならないのだ。というのも、先に述べたとおり、出来事としての現在は、過去や未来の出来事に触手をのばし、浸食する。そのため、現在を現在とはっきり区分することが困難になってしまったのだ。というところで本日はここまで。

七日　水曜

曇天、時折降雨。昼に起床、そのまま『やちまた』にとりかかる。気が付いたら辺りは暗くなっており、夜だと分かる。夢中で読んだ割には、読み進んだ分量はあんまり多くない。小説にはこういう面があるから少し困る。もっとも、良い小説のみが持つ面であるからゼイタクな悩みではあるけれども。

そこで自分は疑問に思う。ろくでもない小説は電光石火の速度で読み飛ばし、良い小説を蝸牛の如き速度で読み進む、この違いは、読中の読み手が持つ主観時間とかかわりがあるのだろうか。主観時間において、愉快に過ごした時間は短く感ぜられ、イヤイヤ過ごした時間はべらぼうに長く感ぜられることが大抵だ（少なくとも自分の場合は）。しかし、実際に読んでいる速度は、この主観時間の正に逆をいっている。変なものだ。もしかすると、主観時間における愉快な時間の短さを密かに穴埋めしようとして、良い小説をゆっくり読んでいるのかも知れん。自分では意識してないけれども、この手のケチ臭い根性で小説を読んでいる可能性はなくもない。ケチ臭い根性に関してなら、自分はエラく自信があるからである。

乾パン、チィズ、蜂蜜、豆腐、人参、煮干を喰う。何だか、こうやって喰ったものを書き記すのもケチ臭い気がしてきた。マア、ケチ臭くても仕方がない。書き記すことで、役に立つことがあるのだから。例えば、食費を制限するのに役に立ったり、間抜けな美食趣味を戒めるのに役に立ったりして、ケチ臭く役に立つのだ。開き直っているわけではない。ゼイタクをするためにケチ臭い根性にならざるを得ぬのだ。エピクロスがチィズを喰ったときの悦びと、おなじ伝なのである。そして、エピキュリアンであることに関してなら、自分はエラく自信があるのだ。なんどとオダをあげるのはここまでにして、昨日の続きにかかりたい。

出来事としての現在は、過去や未来に侵食することで、現在を現在たらしめる境界をアイマイにしてしまう。と言うところまで論じたわけだ。浸食というのは、いささか文飾が過ぎたかと思われようが、正に侵食する様に、現在はその幅をのばしていく。

過去の出来事の変化以降として、出来事としての現在は存する。亦、出来事としての現在は、未来の出来事の変化以前として存する。出来事としての現在は、ある出来事に生じる二つの変化の間に存するのである。この二つの変化の間に存するということが、現在にその幅をのばせしめる理由なのである。

そこで、出来事が変化するということ、このことを、つまびらかに考えてみたい。先ず出来事を中心に、その後は変化を中心に考えてみたい。

そこで出来事を中心に考えてみる。例えば、出来事として裏庭に生えた桜の開花があったとする。そこで変化を、花の咲いてない桜から、開花した桜へという変化として見なしたとしよう。成程、花が咲くという変化は確かにある。ただ、この桜の変化は独立したものではない。気候の変化を受けて、桜に変化がもたらされたのだ。桜の開花という出来事は、気候という出来事に密接に関連する。勿論、そうした諸関連を度外視して、独立した出来事として桜の開花を捉えることはできる。しかし同じ様に独立した出来事として、裏庭に桜が生えていると捉えることもできるのだ。そして、この捉え方だと開花が変化とは見なされず、生えているか否かが変化として見なされるだろう。

裏庭に生えた桜の開花、それを変化と見なすために、何を出来事としてとらえるかという取捨選択が行われている。そこで出来事としての現在に話を戻せば、様々な現在に出会うことになる。出来事は取捨選択によって捉えられる以上、出来事としての現在は様々な捉え方が可能であるからだ。

先に、出来事としての現在は、出来事に生ずる二つの変化の間に存すると考えた。したがって出来事としての現在、その「出来事」が様々であれば、二つの変化の間にある幅が相違していくことになる。現在が、過去と未来とに侵食していくというのも、この幅が伸縮可能であることに由来する。

ああ、チト苦戦した。本日はここまで。

八日　木曜

晴天、夕方に風起こる。いささか寒い。午前に起床した。もっとも昼前という方が正しい時刻ではあった。ふむ、この調子で昼夜逆転を正したいものである。

　起床後、何を思ったか古本屋街へ向かう。そして、その了見が分からないけれども、家賃のための金を使い込んで、しこたま古本を購入していた。一体どうするつもりなのか、我ながら本当に分からない。馬鹿だ。

　豆、人参を喰う。『やちまた』読了。何だか旅行から帰ってきたような感がある。気が付いたら一人きりで部屋にいる、妙な空白感がそれだ。ロシア小説の幾つかも同じ感を抱かせるものだったが、あれはもう何年も前のことである。しかも征服感（「読み上げた！」という奴だ）が伴っておったから、そう空白な感じばかりではなかった。それに対し『やちまた』読了には、征服感は伴っていないようだ。ベズホフが来るべきデカブリストについて語ったり、子供たちが「カラマァゾフ万歳」と叫んだりする、そうした高揚をもたらす終わり方ではないことも一因だろう。だが、終わり方よりも、自分の読み方そのものに空白感が由来していると思われる。あまりにも intimate に読んできた。そのなれなれしさに由来していると思うのだ。足立氏の春庭に対する態度、同一語尾をなるたけ避ける神経質な文章、そして作品そのものから立ち現れる歴史、これ等の事柄に少し我を忘れてしまったのだ。しかし、読み手が我を忘れて、書き手のつもりになるのは、馬鹿もいいところである。読み終わったら、書き手ではなく読み手が残されるなのだから。『やちまた』に対抗するぐらいの志を持っているつもりであるなら、尚更である。

もういい、昨日の続きにとりかかろう。

出来事は取捨選択されるものである。それ故、出来事としての現在も亦、取捨選択され様々な現在として存する。さて現在を、ある出来事に生ずる二つの変化の間に存すると考えるならば、この様々な現在によって様々な幅の間が意味されることになろう。つまり、何を出来事とするかという選択が、現在の幅を決定するのだ。と、昨日はここまで述べた。

次に変化を中心にして考えてみる。先に、出来事の変化の例として、裏庭に生えている桜の開花を挙げた。そして、変化を桜の開花として見なすことにした。これを変化中心に考えていくと、「桜の開花」そのものも変化することが問題となってくる。

というのも、一分咲きから満開までを「桜の開花」と見なすことが出来るからである。そしてこの、一分咲きから満開までの間、「桜の開花」は同じ状態を保っているわけではない。一分咲きは二分咲きに移る、つまり変化していると言えるのだ。変化と見なした「桜の開花」、その開花そのものも常に変化しているのである。

しかし「桜の開花」は桜の開花として、矢張り認めることができる。一分咲きから満開までの間なら何時でも「桜の開花」を認めるのである。そこで次のことに気付く。「桜の開花」を変化と見なした際、開花そのものの変化は「開花」として、同じものとして扱われるということだ。それは、変化し続けるものの過程を、一つの変化として切り取ることである。連続している変化をある幅でもって、一つの変化と呼びならわすのである。つまりは、こういうことだ。出来事の変化は、次々と起こる変化を指しているのではない。変化の過程をある幅で切り取ったものを指しているのである。そして、この過程の幅をもってして、出来事をそれを認めるのだ。

出来事は、初めから出来事として存するわけではない。何ものかの連続する変化、その位置局面を切り取ることで出来事が成立するのである。何故なら、確固不変な出来事は存在しないからである。どのような出来事においても、連続した変化が認められる。そこで変化の一つ一つに注目していけば、いくらでも出来事は細分化され得るだろう。にもかかわらず出来事が、一つのまとまった出来事として認められるのは、変化の過程をある幅でもって一つのものとしているからである。

話を整理しよう。出来事としての現在が過去や未来に侵食していくことは、変化を中心に述べてきた右の考えからも理解することができる。先に、出来事に生ずる二つの変化の間に現在は存するとした。この「二つの変化」と言う際の「変化」は、次々と起こる変化を指しているのではない、それはこれまで述べてきたことからも明らかだろう。「変化」は、連続している変化をある幅でもって一つとされたものを指している。そして、出来事としての現在が、過去の出来事の変化以降に存すると言うとき、現在は過去の出来事から変化しているその過程を意味する。亦、未来の出来事への変化以前に出来事としての現在が存すると言うとき、現在は未来の出来事へと変化していくその過程を意味する。ひっきょう出来事とは、変化の過程のうちの、一部の幅をそう呼んでいるものに他ならないのだ。その意味で、出来事についての取捨選択は、様々な出来事のあいだばかりでなく、出来事を出来事として捉えるために、変化の過程の幅のうちでも為されていることになる。この、出来事についての選択肢の多様性があるからこそ、出来事としての現在は、過去や未来に侵食していくことにもなるのである。

今回も苦戦。本日はここまで。

ツバイク『人類の星の時間』

九日　金曜

晴天、夕方より曇り出す。昼に起床。天気がよいためか、無闇に暑い。雑本を読む。ついでにツバイク『人類の星の時間』を読み出す。いささか生硬な翻訳であるけれども、慣れてくるとかえって心地よい。片山敏彦訳である。

ゆくりなくも、加藤周一氏がこの翻訳者、片山敏彦について書いていたことを思い出す。十五年のいくさのさなか、加藤が彼の住居を訪れた。そのときの模様についてである。

いくさの拡大に従い、正気の者は沈黙し、威勢のよいかけ声ばかりが巷に響きわたっていたらしい。そうした時代には、正気の者はまともな言葉に飢えていくことになる。加藤が彼を訪ねたのも、彼ならばという思いがあったからだろう。「星星が囁き交わす……」何かの詩の引用かもしれないが、こうした言葉を彼は語った、と加藤は記している。加藤によれば、ここで言われた「星」は、ロマン＝ロランの平和主義なんどに代表されるヨォロッパの諸思想を指していたということだ。威勢のよいかけ声のなかで自らの正気を保つために、畏敬する人々に思いをこらし、そうした人々に出会う内的な世界を彼はこしらえていた、そのように受け取られる言葉である。なかなか格好よろしい。

しかし、格好よろしいけれども、困ったオッサンだとも自分は思う。星星が囁き交わしているあいだ、世界はエラいことになっていたらしいではないか。エラいことになっていたのは、かなりの者が正気を失っていたことも一因としてあったろう。そこで必要とされるのは星星に叫ばせることではないだろうか。勿論「だろう」や「らしい」を先ほどから用いているように、自分はその頃を知っているわけではない。何せ、日本が帝国だった頃の話である。そこで「あしとけばよかったのに云々」と言うのは、愚痴と一緒で、間抜けなだけだ。だから自分は愚痴を言うつもりはない。

ただ、世界と縁の切れた星星には意味がないと指摘したいだけなのだ。眺める者がいなくなれば星はもはや星でも何でもない。そう指摘したいのだ。成程、片山氏は眺めているのかも知れぬ。けれども、周りは威勢の良いかけ声に惹かれる者で満ち、その彼らの星なんど眺めはしなかったろう。こうした状態であったなら、下手をすれば星は消えてしまいかねない。片山氏がいなくなれば、星は消えてしまうのだ。若し、星を大切に思っているならば、星が消えないように振舞うのが当然である。つまり、星星に叫ばせなくてはならないのだ。にもかかわらず片山氏は叫ばせていないのだから、実のところあんまり星を大切にしていないオッサンだと思う。

『人類の星の時間』を読んで、ふと訳者について思い出したことを書いたけれども、訳者についての印象は、ツバイクにも同じく当てはまる。序文によれば、星とは、その後の歴史を左右する交差点みたようなものらしい。ツバイクはその序文の中で、星の時間は突発的なできごとではなく、歴史が前もって準備したものだと述べている。そこで自分は、どの様な準備があって星があり得たのかが、本文にあるのだろうと期待した。期待ははずれ、ここ四百年程のヨォロッパ及びアメリカ史上の逸話が、いろいろな形式で書かれているばかりである。準備もへったくれもない。とにかくムハンマド二世はコンスタンチノォプルを陥さねばならないらしい。

とにかくドストィエフスキィは銃殺されねばならないらしい。ついでに、アメリカ史といってもコンキスタドォレスと合州国の逸話しかないではないか。人類や歴史がヨォロッパの連中専用の逸話で左右されるとは、寡聞にして知らなかった。済まないが、もう少し人類を大切にして欲しい。ついでにその歴史も。

しかし、未だ半ばしか読んでおらぬけれども、残りもこの調子でやられたくはないものだ。最後の章は、いい加減に扱ってもらいたくない人にあてられているからである。

さて、普段の調子に戻る。乾パン、蜂蜜、チィズ、人参を喰う。人参は五本も喰う。風呂に行く。明日、明後日は連休である。自分はそこで、三連休を目論んでいる。今日の時間についての考察をお休みするつもりなのだ。というわけで、本日は考察が書かれない。

十日　土曜

晴天、昼より曇りだし、夕方には降雨。昼過ぎに起床し、そのまま外出。金策のためである。休日であっても、金策は遂行される。休日であっても、不義理を重ねていくのである。金策遂行のため繁華街に出る。繁華街には古本屋があって、肝心の金策はさておき、またぞろ古本を買ってしまう。ゴスプランのほうが、まだ健全な財政だったろう。にもかかわらずこの体たらく、これではゴスプラン批判なんど百年たってもできないではないか。修身斉家治国平天下、とまでは言わないが、自分一人すら修められぬ男が天下に思いをいたすのはどこか変である。天下に思いをいたしても、これでは信用されないだろう。信用されるために、不義理と不合理とを何とかせねばならん。

下宿に帰り『人類の星の時間』を読む。読了。晩年のトルストイを扱った戯曲はよくできていた。回心は、ジェイムスの言葉によれば、突発的に起こったように見えるらしい。トルストイの家出は、回心である。もともと家出を志していたとはいえ、実行に移すためには何らかの精神的変化がトルストイに起こらなくてはならない、それ故、回心と言えるのだ。だからこそ、逸話集であるところの『星の時間』では扱いやすい材だと言える。逸話は、歴史の過程を考えることに向いていない。向いているのは、歴史の一局面についての知識を啓蒙することである。他の材はともかくとして、トルストイの例は、知識の啓蒙として上手くいっている。回心というヘンテコなものが、鮮やかに読み手の前に示されているのだ。その代わり、他の章についてはこれといった印象が残らない。ツバイクのこの作品は、歴史を扱う際の方法を考えさせる。

考えると腹が減るので、冷肉、人参を喰う。腹がふくれたら考えることが面倒になってきた。そこで「逸話を書くなら、よく対象を選ばにゃならん」という情けない締めくくりをつけて、煙草をふかすことになる。

しかし、煙草をふかしてばかりもいられないから、先日の続きにとりかかる。

出来事は、何ものかの連続する変化のなかから選択的に、幅をもって切り取られることで出来事となる。そうして切り取られてきたさまざまな出来事のあいだで、さらなる選択が為されて出来事として現在が成立する。たび重なる取捨選択によって成立するために、出来事としての現在は多様に存し、その持つ幅もそれぞれ異なる。したがって、ある選択では現在でも、他の選択では過去もしくは未来と考えられる、そうした出来事はいくらでもあり得る。さまざまな選択のあいだで、現在は過去や未来に重なりあっている。現在が過去や未来に侵食していくと言うのは、この重なりあった事態を指して言っているのだ。

点としての現在なる考えを採用せず、出来事としての現在を採ることで、過去と現在、そして未来の明確な区別がつかなくなる理由はもはや明らかだろう。選択の違い、つまりヒトの見方の違いによって、現在はあまりにも多様な幅をもって存するのだ。現在の意味をとらえようとする際の困難は、この現在の幅の多様性にある。

現在の意味はそれ自体からは出てこない。現在は比較されて初めて、その固有の意味が理解される。比較とは過去および未来との比較である。過去からどう変化したのか、未来にどう変化していくのか、これ等の比較によって現在の意味は理解される。未来はまだ成立していないのだから、比較はできないと見るむきもあるだろう。しかし、意味に関しては比較が可能なのである。いつかきた道としての未来、あるべき現在としての未来、そういった未来へ変化すると考えることで、現在はその意味を持つことができる。この比較が、現在の幅の多様性のために困難になっているのだ。

というのも、現在の幅が多様であれば、過去および未来のそれも亦さまざまになるからである。ヒトの見方によって過去および未来も異なってしまうのだ。したがって比較によって得た現在の意味も、ヒトの見方によって丸で異なってしまうことになる。他のヒトに通じない意味というものは、それこそ意味を為さない。そのことは、意味を他のヒトに伝えるもの、言葉について考えれば明らかだ。言葉の意味が各人各様であるならば、言葉の存在する理由はない。言葉の意味が、いちおう他のヒトと同じであるからこそ、言葉を使ってヒトは意味を伝えあうのである。現在の意味がヒトによって異なるのであるなら、ヒトは予定をたてることも、過去を考えることも必要がなくなってしまう。ヒトによって現在の幅、そして意味がさまざまに異なるとすれば、予定は他のヒト抜きでたてられることになるけれども、そのような予定を果たすことが不可能なのは言をまたない。そして過去を考えることは、他のヒトが現在と過去とを同じくしていなければ、意味が大きく異なってしまう。単に昨夜の夕飯について考えるにしても、そうなのだ。昨日と今日とで境界がだいぶん変化した者と、変化していない者とが、昨夜の夕飯について考えることを推測してみれば分かるだろう。境界が変化した者には昨日は過去である。しかし、境界が変化していない者には現在と大差ない昨日、つまり現在の意味を持った昨日なのである。この現在と過去との違いは意味の違いをもたらし、現在として過去の意味は、ヒトとヒトのあいだで理解されることのないものとなるのだ。

まずい、暴走した。これ以上すすめるのは止める。冷静になるために本日はこれまで。

シュネエデルバッハ『ヘーゲル以降の歴史哲学』

十一日　日曜

晴天、夕方より曇る。昼過ぎに電話のベルで起床、ケットを被ったまましばらく話す。今日は電話三つ、来客一つと、普段からは考えられないくらいヒトと話すことになる。

連休二日目、運動会のマァチが遠くから聞こえてくる。ノンキな日である。お日柄もよし、寒くも暑くもなし、連休の二日目だから遠出をする気もなし。こんな感じで皆は過ごしているようだ。そういうノンキな休日に、自分はヒトから思い出される傾向があるようだ。だからドウということもないけれども。

ここのところ音沙汰のないヒト達からの連絡であったから、嬉しくはあった。しかし、これといって理由がないにもかかわらず、irritateな心持ちが昨晩から続いており、何だか話に身が入らないことに気付く。失礼な態度になっておらねば良いのだが。

何故こんな心持ちであるのか自分でも分からない。ただ、自分はナィィブな精神なんぞ持っておらないことには自信があるから、おおかたカルシウムの不足といったところであろう。そこでチィズ、乾パン、蜂蜜を喰う。とりわけてチィズをかなり喰う。喰うには喰ったが直ぐ効くものでもないらしい。終日、irritateな心持ちが続く。こういう際は掃除をするのがよろしい。神経質なくらいに部屋をキレイにするからだ。そう判断した自分は掃除にとりかかり、いささか心持ちがよくなった。その後、シュネェデルバッハ『ヘーゲル以降の歴史哲学』を読み始める。そして来客。ピィナッツバタをはさんだコッペパン、餡パンをみやげにもらい、共に喰う。しばらく話し外まで送る。

部屋に帰り、何となく拭き掃除にとりかかる。ふたたびよい心持ちになり、しかも腹がふくれてボンヤリしてきた。とはいえ、どうしたわけか、くたびれた。何もしておらない一日であるのに、変にくたびれた。情けない話だが、本日はこれまで。

十二日　月曜

晴天、夕方より曇る。大変な時刻に目が覚める。我ながら恥ずかしい。自らに言い訳をしたいけれども、寝過ごした理由が見付からぬ。怠惰という理由以外は見付からぬ。そこで、過ぎたことは仕方がない、次は恥ずかしくないよう振舞えばよいのだ、と考えて安心立命にいたる。しかし、次も駄目だったらどうするか。次が駄目なら、その次だ。こうして、自分の生活は恥を追いかけて続く。

何となくコメを喰いたくなり、出来合いの握り飯を二つ買い、喰う。出来合いとはいえ矢張りコメはうまいものだと感心する。エラく久しぶりだからかも知れぬ。そのためか、握り飯には他にも感心することがあった。握り飯のぐるりを包む、海苔に感心したのである。海苔とは、ドス黒い薄紙みたようなものを言う。たいへん薄いので、とても腹の足しになるとは思えないけれども、いちおう食い物である。味はといえば、海産物特有の匂いがする化学調味料と考えれば、はずれはない。この程度の特色で、どうしたわけか人口に膾炙していることに感心したのだ。極東のここいら辺ではこの海苔を用いて、黒い弾丸に見える握り飯や、黒いゴム皮膜の電線に見える海苔巻きを無闇に作る。コメ粒がくずれないよう、海苔でぐるりと包んでいるのだろうが、くずれ止めには他にもやりようがあったはずである。例えば、表面を焼いて硬化させることも一つの手であり、複雑な加工を要しない。それに対し、海苔は複雑な加工で出来上がる。ノリソダでわざわざ栽培した海藻を紙状に加工しなければならないのだ。この複雑な加工によるコストよりも、くずれ止めとしてのベネフィットの方が大であると考えることは難しい。にもかかわらず海苔は人口に膾炙しているのである。黒くて薄紙に似た、海産物の匂いがする、もそもそした食い物は、人類が月に降りた時代にも生産され、喰われているのである。まったく不思議なものだ、と自分は感心しながら、握り飯を喰い終えることになった。

腹もできたので、シュネェデルバッハ『ヘーゲル以降の歴史哲学』を読み続ける。歴史哲学の抱える諸問題を、要領よく著者は指摘している。その諸問題に先哲がどう対応したのかを述べるところも実に明晰である。ただ、歴史哲学の諸問題と先哲の対応は、他人事ではない。自分も少しばかりだが考えている。そのためか、これあるかな、といった風には読めない。著者の明晰さを羨望し、なぁに今に見てやがれと密かに思いながら読み続けるうちに、頁をめくる手が止まり、例によってボンヤリと自分のことばかり考える。

甲の自分

「シュネェデルバッハは歴史主義なる語に含まれる三つの意味を分けているね。

一つは、帰納的に資料を積み上げることに専念し、形而上の概念から演繹していくのを避ける態度としての意味。

いま一つは、歴史の客観的把握は不可能と見て、体系的な歴史は主観によって導き出されたと批判する態度としての意味。

　もう一つは、啓蒙主義の歴史観に対する批判から起こった歴史主義的啓蒙主義としての意味。うむ、これでは説明になってないから、もうすこしことばを足そう。啓蒙主義の歴史観、普遍的理性が開示するばかりの歴史観には質的変化はない。そこで個別性に着目することで観られる質的変化、つまり「進化」としての歴史をもってする批判がドイツ＝ロマン派以降なされていく。この啓蒙主義に対する歴史的批判をシュネェデルバッハは歴史主義的啓蒙主義とうまいこと言ってるけど、この批判が刑事上の概念から演繹される歴史に基づいているからだ、というわけさ。「進化」を論ずるには歴史は体系化されねばならず、体系化には演繹する前提が要請されるからね。だから個別性に着目しているとはいえ、理念と現実との二元論を用いる啓蒙主義の方法が、この批判には採り入れられている。そこで歴史主義的啓蒙主義で世界を理解しようとする態度としての意味が、この三つ目の意味なわけさ。

　この三つの意味が相互に結びついたり、否定しあったりするのは分かるよな。ついでに、この三つの意味は三つとも、それなりに筋が通っており、さまざまな歴史研究によく見られる典型であることも分かるよな。それなりに筋が通っているもの同士が否定しあう、歴史家たちの歴史に対する態度が否定しあう、歴史哲学の問題はここら辺にあると言ってもいいね。そして、あくまで「それなりに」しか筋は通っていないから、キチンと筋を通そうや、と言うことも亦、問題の一つだね。幾人ものエラい先哲たちがキチンと筋を通そうとしないはずはないけれど、未だ先の三つの意味がお互いに結びつき、否定しあっているのだから、先哲の試みはうまくいかなかったのは明らかだ。それは何故か、という問題さ。

で、どうよ。自分はこれらの問題に答えることができるのかね。この間、暴走してしまい、考えに収拾のつかなくなった自分が、答えることが出来ると思っているのかね」

乙の自分

「馬鹿言うな。問題問題と、もちあげているが、それはシュネェデルバッハが彼自身の理解のために行った整理の仕方に他ならないんだぜ。思想史、いやシュネェデルバッハのことばに従えば理念史においても、取捨選択は為されるのさ。

いいか、よく考えろ。歴史主義なることばにある三つの意味、これはあくまで典型の意味に他ならず、そのまま妥当する主義者なんどおらんとシュネェデルバッハ自身が言っている、そのことをだ。つまり歴史主義なる言葉の意味、その変化の幅のなかからシュネェデルバッハが取捨選択して切り取ったものなんだ。そして思想史、いや理念史の出来事から取捨選択して、先哲と三つの意味との関係を考えているのだ。こうしてシュネェデルバッハ固有の現在の幅、今歴史哲学をどうとらえるかという出来事としての現在の幅が成り立っているのだ。この幅と自分に固有の幅とを、わざわざ同じくする必要はない。おそらくシュネェデルバッハ自身が確信をもっている問題の答えなんどに同調する必要もない。

ほんとうの問題は、シュネェデルバッハの述べるところが、だいぶん理解できてしまうということなんだ。彼と自分は思想史、いや理念史における現在の幅が異なっている。にもかかわらず、彼の幅からもたらされた諸問題を問題として理解できるということが、真の問題なんだ。

シュネェデルバッハのことばを用いれば、何故体系化するのか、何を体系化するのか、これを考える者は、暫定的であれ絶対的であれ各人各様の答えを出している。このさまざまな答えを彼や自分は理解し、理解したにもかかわらず、さまざまなままに彼や自分、他にも様々な人間の考えがさらに為されていく。理解そのものが主観に基づいているならば、理解した後でもそれを採用せずに自らの考察を進めることができるだろう。しかし、理解とは知ることだ。何かを知るということは、何かを、理屈の上では、再現が可能だということに他ならない。主観の上での理解は、再現はできないだろう。何故なら、主観では、ないものはないに決まっている。再現は主観ではなく、理解によって為され、理解はないものもあらしめるんだ。過去は主観の前にはない。同じく未来もない。主観にとっての過去そして未来は、主観にある現在の幅に含まれたものでしかないんだ。

もし、ある者が歴史を理解しているのならば、過去が存しているはずである。存しておれば、さまざまな考えがここまで百出しているわけはない。ならば、ヒトは未だに過去を理解したことはなく、そして過去について考えられたことばすら理解したこともなく、各々の主観のうちより一歩も出たことがないと疑えないだろうか。真の問題と言ったのも、暴走したわけも、この疑問による」

自分自身のうちで、問いがすれ違っている。本日はここまで。

十三日　火曜

曇天、夜に入り降雨。昼過ぎに起床、そのまま図書館へ向かう。向かって歩くその途中、ふと人混みが目に入る。駅前の広場に群がる人混みの上には幕がはってあり、そこに古書祭りと書かれている。剣呑である。金をかけずに良書を読もうと図書館に向かっているのである。その図書館への道筋に、自分の目論見を粉砕するような催し物がされているとは思いもよらなんだ。桑原桑原、鶴亀鶴亀、ぶつぶつ言いながら目を閉じて通り過ぎようと考える。しかし、目を閉じて歩けるほど自分は器用ではない。仕方がないから目を開けて、つい並んだ古本の方を見てしまった。

どうしたわけか、靴と気分とがエラく重くなり、懐中は軽くなった状態で図書館に到る。館内でいろいろ行った後、やけのやんぱちといった心持ちで大規模な新刊書店に向かい、そこで竹下裕氏の『評伝　中野重治』を目にすることになった。所持金のほぼ全額に相当する値がつけられている。購入した。

とんでもなく懐中は軽くなったけれども、今度は心も軽く、踊るような足取りで下宿にたどり着く。ためつすがめつ眺めいり、なでまわし、紙の香りを嗅ぎ、変な声でうなる。さんざん堪能したあと、松下氏の本を「そのうち読むつもり」の書籍類に仲間入りをさせた。いまここで読んでしまったら、またぞろ中野の諸著作を読みたくなるに決まっている。そして諸著作を読んでしまえば、全集を欲しがるのが人情というものであろう。ここが我慢のしどころぞ、と声に出して言ってみる。しかし本当に辛抱できるのか、我ながら全く自信はない。

図書館へ向かう途中、菓子パンをいくつか買い、館内で喰う。下宿で、乾パン、チィズ、蜂蜜を喰う。何だかんだ言って、けっこう無駄な食費を使っている。倹約の必要がある。腹をつくって、またシュネェデルバッハにとりかかるが、少ししか読めない。理由はこれを書く時刻になったからである。

さて、続きを書く。もっとも文章上の続きではない。

次の論点から続きを述べる必要があるだろう。それは、出来事としての現在がヒトによってさまざまであるにもかかわらず、歴史は書かれ、いちおう理解されているということである。歴史が理解されるということは、現在および過去の持つ意味を、書き手と読み手とが同じくしていることになるだろう。そのことから次のように考えることができる。取捨選択による現在の幅と過去の幅とを、書き手と読み手とが、同じ幅でもって切り取っていると考えることができるのだ。というのも、書き手と読み手とのあいだで現在及び過去の意味を同じくしているならば、何をもって変化と見なすかも同じくしているからである。つまり過去の出来事から変化した出来事、その出来事としての現在を同じくしているのだ。そのことを少し詳しく述べてみよう。

過去の出来事から現在の出来事への変化をもって、歴史における現在はその意味を持つ。現在の意味は、現在それ自体からは明らかにはならない。現在は、過去及び未来との比較によって初めて、その意味が立ち現れる。歴史における現在の意味は、過去から現在への変化を前提にしなければ分からないのだ。歴史の書き手と読み手とのあいだで、現在及び過去の意味が理解されるためには、この前提としての変化を同じくしなければならない。それ故、意味の理解は、過去の出来事から変化した出来事を同じくしていること、出来事としての現在を同じくしていることになるだろう。歴史が書かれ、理解されるということは、ひっきょう出来事としての現在の持つ幅が、書き手と読み手とのあいだで同じくされていることを示しているのである。

ここで次の論点を強調したい。歴史の書き手と読み手とのあいだで現在及び過去の意味が理解されるためには、必ず現在の幅を同じくすることから始めるという論点である。先にも述べたように、過去及び未来は、出来事としての現在が持つ幅によって、それぞれの幅が定められる。そこで気付くことはこういうことだ。現在の意味は、過去及び未来と比較することで理解されるけれども、その過去及び未来は現在によって定められるということである。歴史の書き手と読み手とが、過去に状況を同じくしたから、過去の意味が理解されるのではない。ある状況を過去と見なす現在を同じくしているから、過去の意味が理解されるのだ。歴史は、ヒトの解剖によって猿の解剖を説明するように、現在から始まって過去へ到るのである。

さて、右まで述べてきたことは、歴史の理解には、同じくされた現在の幅が不可欠であるというものであった。そこで疑問が二つ起こる。一つは、さまざまな取捨選択があるにもかかわらず、如何にして現在の幅が同じくされるのかという疑問が、それである。いま一つは、現在の幅は本当に同じくされているのか、つまり理解したと考えるのはただの誤解ではないのかという疑問が、それである。

というところで、本日はこれまで。

十四日　水曜

曇天、ときおり降雨。今日は二度寝をしてしまった。あんまりないことだけれども、矢張り恥ずかしい。ケットを引っ被ってから直ぐと目が覚めて、時刻を見れば一時間足らずして寝ておらないことが分かる。朝の八時。このまま起きてやろうかと考えはした。昼夜逆転を正す好機ではないか、起きるべし。というところで、他の考えも出てくる。それほど若くもない体である。学生の頃みたようにカンテツしたら数日調子が悪かったではないか、今起きたとしても終日ボンヤリした頭を抱えているのがオチだ、寝ておけ。二度寝したというくらいだから、自分は後者の考えを選んだ訳である。易きに流れやすい性をもっている証左であろう。まったくもって恥ずかしい。もっとも自分は寝付きが悪く、二度寝を決めこんでから二時間ばかりを無駄に過ごすことになる。結局昼過ぎに起床。一時を半ば過ぎてる。何だか一日を損したような心持ちになり、そのまま慌てて外出する。

いろいろと所用をすませ一旦下宿に帰り、ふたたび下宿を出て風呂屋へ向かった。風呂屋から帰ったのは夜もだいぶん過ぎた頃である。どうやら本当に一日を損したようである。移動中に目を通したことを除けば、本を読んでいない一日ではないか。明日、むつかしい議論をしなくてはならぬ用事があるというのに、準備をしてもいない。馬鹿だ。

とりあえず明日に備えて体力をつけてやろうと、冷肉、人参を喰う。喰いながら考えるに、少しばかりなら中野の作品を読んでもいいじゃないか、喰っているあいだだけだから、詩集でも読んでやろうと決める。喰い終わったとき、詩集なら読みさしで留めることもできようと考えたからである。『評伝』に手を着けるのは、さすがに剣呑だからである。シェネェデルバッハは喰いながら読めないからである。そこで、顎を動かしながら詩集を開く。

全部読んでしまった。

うむ、後悔した方がいいのだろうが、そんな心持ちにはなれない。良いものは何遍読んでも良いものだ、良いものを読むことはこれまた良いのだと考える。良いことを否定する後悔なんどイヌにでも喰われろ、とまで考える。そこまで考えるのは、中野の次の詩に感心したからだった。

「　掃除

役に立たぬものを持っていることは役に立たぬ
それらことごとくをおれは火中した
あまたの種類の紙
あまたの種類の言葉
日付と
消印と
所書きと人の名と

くちびる型の臙脂と
紙に吐き出したチョコレートと
みな残るところなく燃えつくした
昔のふたをあけて見ようとするもの
おなじ泣きごとを繰りかえし巻きかえし述べようとするもの
それによって仕事の速度を縮めようとするもの
みな残るところなく燃えつくした
灰に水をかけ
掃きとり
仕事の続きに飛びついた」

うむ、良い詩だ。掃除しなければならない思いを、中野がいかにたくさん抱えていたかがよく分かる。そして、仕事のためにそれ等の思いを火中しなければならぬことも亦、よく分かる。もっともこう述べただけでは、あの「歌」にあるモティフに感心したことと変わりがなくなる。「歌」は決意の表明であるが「掃除」は違う。「掃除」のなかでは、仕事は既に始められている。その仕事の最中にも、掃除をしなければならぬ思いが積もっていくことを中野は語るのだ。積もっていく思いに気付くには、己を絶えず見つめていなくてはならないだろう。積もっていく思いを火中するには、仕事にとって何が大事かを絶えず考えていなければならないだろう。絶えず己と仕事とを省みる態度、これは過程を表す詩となる。

決意は一度きりの取捨選択によって行動の目的を定める。その定まった目的に近づくために行動が為されるわけだが、如何に目的に近づくか、つまりどう行動するかの取捨選択は目的からは明らかにならない。行動の過程において現れる様々な選択肢、手段を、現れる度ごとにその場で選んでいかねばならないのだ。その何遍もの取捨選択が正しかったかどうかを判断するためには、自分が選んできたことを絶えず見つめ、そして目的への最善の行動を絶えず考える必要がある。言いかえれば、己と仕事とを絶えず省みることは、過程のさなかに正しさを求めることであるのだ。

「掃除」には、目的へ正しく近づこうとする過程が表れている。目的へ最短の距離をとる行為ではなく、目的によって正当化される行為でもない。ただ正しい行為によって近づこうとする過程が表れているのである。そういったわけで、中野の「掃除」には非常に感心した。

と長々一編の詩について述べてきたわけだが、もしかすると中野の詩にことよせて、無茶な言い訳をしているのかも知れぬ。こうして毎晩たわごとを書き散らしていること、そのわりに大したものは述べておらないこと、これ等についての言い訳を中野の詩にアスパイアされて書き散らしただけかも知れぬ。しかし、中野の言う「仕事」は、自分の「仕事」でもある。同じ「仕事」を志している先達が「掃除」を著したことに何だか自分は共感し、そして正しい過程を自分も欲することになるのだ。

　うむ、本日はここまで。

十五日　木曜

曇天と晴天とが交互に続く、ために蒸し暑く過ごしにくい一日であった。早朝起床、夕べ早く寝たから当たり前である。午後に議論となることが予想されるため、下調べを行う必要があった。とりあえず大急ぎでポパーの『確定性の世界』を読み始め、読了する。科学が開かれたものとしてあるとポパーが言う、その論拠に用いられた確率的な心理と確実な心理との弁別は、自分の論にも用いることができるからである。ありがとうポパー。もっとも論旨に賛成しているわけじゃないよポパー、なんどと口走りながら考えをまとめる。

　科学は変化を認識する思考の枠組みであること。対象が変化である以上思考の枠組みも亦、変化に対応しなければならないこと。そのために確実な真理は科学には存せず、確率的な真理が存すること。確率的といっても、見方によって真理は変わるといった体の生悟りではなく、変化の方向性を予測することであり、この確率的な真理の把握は方向性を操作することを可能にすること。つまり、予測の該当する確率を知ることとは、その確率を高めるなり低めるなりの方法を提示すること。変化の方向性が操作可能になれば、操作の目的が問われるということ。目的は現在の価値判断であり、価値判断は意味であること。意味は、自らの変化を固定しようと努めること。例として、言葉の意味を挙げる。それ故、科学は予定調和、もしくは決定論の意味を強く持たされること。にもかかわらず意味は変化すること。例として、言葉の意味の変遷を挙げる。そこで、科学についての科学、変化を認識する思考の枠組み、それの変化を認識する思考の枠組みを持つならば、確率的とはいえ、客観的な認識対象と認識主体についての把握が可能になり、それは意味論を科学に高めること。意味の操作可能性は、いわゆる間主観性や構造なんどに示される関係、その変化を操作可能にすることである。

と、こんな風に考えた。そして友人の研究室に向かう。矢張り科学の決定論的色彩についての議論が始まった。自分の能力からいって、考えどおりに語れるわけもない。仮説に賛同してもらえなかったのは悔しい限りである。しかし、見返りもあった。要素還元主義と決定論的色彩の結びつきや、それを乗り越えようと出てきた有機体的な科学の意味が決定論的に強ばってきたことなど、示唆に富む考えを提供してもらった。それだけでも収穫である。

だいぶん遅くなったので飯を食って分かれた。久々の外食。クラブサンドを喰った。議論をし、興味深い考察をかっぱらい、外食した。贅沢だがくたびれる、蒸し暑くて過ごしにくい一日だ。

というわけで本日はここまで。

セルゲイ＝ドブラァトフ『わが家の人々』

十六日　金曜

曇天、のちに雨天。昨日にひき続き蒸し暑い日となる。天気がよいわけでもないのに、どうしたわけか暑いのだ。もっとも、今日は終日ボンヤリとしていたから、そうつらいということもない。ボンヤリしていたのは、昨日「ここまで」と書いたあと、うっかりセルゲイ＝ドブラァトフ『我が家の人々』を読み出してしまったからである。気が付いたら丸一日起きていることに相成り、読了したときは昼近くであった。だらしのねえ生活だと思いながら、ケットを引っ被って横になって以降、何も覚えていない。寝付きの悪い自分にしては珍しいことに、アッという間に眠ってしまったようだ。横になってから覚えているのは、電話の鳴る音で目が覚めたことである。応対しながら時刻を見れば、昼であった。受話器を置き、どうしたものかと考える。ここで起きて一日ボンヤリしているか、いま少し寝て昼夜逆転を悪化させるか、どちらがよいか考えたのだ。当たり前のことだが前者を選び、今に至るまでボンヤリすることになる。『我が家の人々』は、今日一日をつぶしてくれただけあって、良い作品であった。副題に「ドブラァトフ家の年代記」とあるように、一族の面々を書き分け、その面々がたどった人生を描写している。革命前を知っている祖父、精神病院にかつぎ込まれる役人の伯父、サギ師の叔父、編集者として、あまたの著名な文学者を知り合いに持つ伯母、ピオネェルやコムソモォルの優等生だったのに何故か刑務所に入ることになる従兄弟、そして両親や妻など。こうした面々の人生の描写は、ソビエトに生きるとはどういったものかを読む者に鮮明に示してくれる。十人十色としか言いようのないドブラァトフ家の面々がたどる人生、さまざまな職業のあり方や、己の好みを満足させるためにあくせくするその手段、それ等が交錯して見事なまでにソビエトでの生活を現しているのだ。しかも、語り手である「ぼく」の父方はユダヤ系、母方がアルメニア系ときているのだから、面々のたどる人生は実にさまざまに交錯し、その織りなされていく生活のさまは心憎いばかりである。

読んでおってマクシモフの『創造の七日間』を思い出すことになった。マクシモフも亦、ある一族の年代記を著すことによって、ソビエトのあり方を浮き彫りにしていた。だが、マクシモフの作品とドブラァトフのそれとは、明らかに異なった印象を読者に与える。成程、ある一族の年代記を材として扱ったことは共通しているけれども、材として扱うことで示そうとすることがらが違うのだ。マクシモフは年代記をもって、ソビエトとは何かを示そうとする。それに対し、ドブラァトフは年代記をもって、ソビエトでの生活とは何かを示そうとしているのだ。マクシモフはソビエトの意味を追求し、かたやドブラァトフはソビエトで生きていくことを追求する、この違いが印象の違いを生む。

マクシモフとドブラァトフの二人は共にいわゆる反体制作家であり、とりわけドブラァトフは亡命じみた国外移住を晩年に強いられている。それ故、ドブラァトフの作品にも、マクシモフ同様ソビエトに対する価値判断があってもよかりそうなものだが、ないのである。訳者のドブラァトフへの執着心がよく表れている巻末解説には、ドブラァトフが次のようなことを言ったとある。それは、共産主義者の次に嫌いなのは反共産主義者だというものだ。反体制作家という標識がドブラァトフには素直に通用しないことが、この言葉からも明らかだ。ひっきょう彼は生きていくということを示すためだけに小説を書いていたように思われる。だからこそ、材をこそ一致しておれマクシモフと異なりソビエトの意味なんぞ書きはしないのだ。他の反体制作家と異なり、亡命先でも良い作品を書くことができるのだ。『我が家の人々』は合州国で書かれているのである。

自分としては、ドブラァトフが価値判断を下していない、いや、下す気もなかったのは残念なことだと考える。自分にはソビエトの意味を考える必要があるからだ。その点でマクシモフの作品をより好ましく思いはするが、しかし二人とも良い作品を書いていると判断はしている。自分の好みや必要と、作品の良し悪しの判断は、悔しいことだが別なのである。

ソビエトにおける反体制作家は、残念ながらその反体制と言う姿勢に寄りかかりすぎていたフシがある。シニャフスキィやダニエルの作品、もっとも『幻想小説集』と『こちらモスクワ』の一冊ずつしか読んでいないけれども、それ等の作品は、その反体制という姿勢を除けば三流もいいところだ。チェルヌイシェフスキィを大作家だと判断することはヤバいと判断できる者が、反体制作家だからといって無闇に持ち上げていたということがありはしないか。政治から文学を取り戻すと考えることで、かえって政治に取り込まれていたということがありはしないか。丁度、自分の周囲にいる文学青年達が「文学は何を書いてもよいもんだ」と言っておきながら、橋本英吉や中条百合子の作品を「政治ばかりが書かれている」と敬遠する矛盾と同じように。間の抜けた言い方だが、良いものは良いのである。「美しい犯罪は美しい」という新聞の見出しがアナトォル＝フランスをエラく納得させたように、自分の「良いものは良い」という考えも皆に納得してもらいたいものだ。あんまり納得してもらえないのは、どうしたわけだろう。

自分のことはともかくとして、ドブラァトフの『我が家の人々』は良い作品である。只管生きていくことを描くだけでも、良い作品になることが分かる。そこで、彼の他の作品も訳され次第手に入れたく思うのだ。一つには、良い作品が偶然出来上がることはまれであり、作者の力量が作品に反映していることが大抵だからである。いま一つには、他の作品も生きていくことを題目にしているかどうか知りたいためである。若しそうであるならば、生きていくことそのものを、ソビエト当局は反体制に押し込めたことになるだろう。だとしたら、あのソビエトが何故そのような振る舞いに到ったのか、自分は考えねばならない。あのソビエトとは、十七年の記録に見られるあの「ソビエト」のことである。

さて、明日にでも時間論の続きに取りかからねばならぬと考える。いい加減、出口を開かなくてはならないだろう。何故また明日にまわすのか、と理性が言っておる。厳しいね。しかし、その厳しさを客観的認識への懐疑に向けてもらいたいものだ。こいつが難物なのだ。これまでのところ出来事そのものも変化であると来ていたわけで、ならば何が変化するのかを言明せねばならなくなった。その何かは、客観性を持っているのか否か、今のところ定かではない。ところが、変化である出来事が変化することで、時間を認めることができるのは確かなのだ。確かなものは変化の変化なる訳が分からぬものであり、変化するものが何かは定かではない。これでは困る。この何かが客観的事物として存してくれないと、さらに困る。客観的な変化の持続だけが、ヒトとヒトとのあいだに、同じ幅の時間をもたらしてくれるからである。同じでなければ、困るどころではない。なんどと、無闇に困る困ると言いながら、終日ボンヤリしていた。

夜、諸般に入り用なものを買い出しに出る。その際に購入した菓子パンをいくつか喰う。腹がふくれてボンヤリしているうちに今日も終わる。本日はここまで。

松下裕『評伝　中野重治』

十七日　土曜

雨天、かなり寒い。昼頃に起床したけれども無闇にダルな心持ちで、ケットを剥ぐのに勇気がいった。昼だというのに薄暗く、昨日までと違い肌寒い。ダルな心持ちは気候のせいだろう、気候如きに自分の生活を乱されてたまるものかいと無理矢理起きる。外出の予定があったからである。

出だしは悪くなかったのに、その後がどうもいけない。体の調子がいまひとつといったところに、エラく頭がボンヤリする。外出を取りやめ本を手にとるが、読書に身が入らない。このままこじらせたら厄介だ、といささか狼狽して栄養と採ることにした。豆、乾パン、蜂蜜、チィズ、豆腐を喰う。普段の三倍の分量をゆっくり時間をかけて喰う。時間をかけたにもかかわらず、今度は胸が苦しくなってきた。何と使えない体だ。今たらふく喰っておけば、明日にも復調するはずだ、しっかりしろ、なんどとブツブツ言いながらボンヤリ座り続ける。横になるわけにはいかないのは、昼夜逆転の悪化を恐れてのことだ。

こういう際には、我を忘れて読める本がいいに決まっている。そこで、横目で『評伝』をチラと見る。もちろん先日に決めたことを忘れたわけではない。決めたこととは、しばらく『評伝』には手を着けないでおこうということである。決めたことを守るのは人間として当たり前のことだ。うむ、こんなものの誘惑なんどに負けるものか、そう思い本を手にしてみる。うむ、分厚いから読みでがありそうだ、もっとも活字が大きいために分厚くなったのかも知れぬ、そう思い本を開いて活字の大きさを確認してみる。うむ、普通の大きさではないか、なかなか読みやすい。

というわけで松下裕氏の『評伝　中野重治』を読了することになる。

気が付いたら一日も終わろうとしている時刻であった。ダルだのボンヤリだのと言っておったのが嘘のような気がする。気がするけれども、本を閉じてしまえば矢張りダルな心持ちである。ただし、固よりのダルなのか、決めたことを破ったためのダルなのか判然としない。とはいえ、読んでしまった以上は後悔しても仕方がない。しかも良い本であったのだから後悔する方が馬鹿である。

『評伝』はたいへん良い本であった。中野の評伝として最初のものとは信じられぬ位である。たいていの伝記においては、作家の性格もしくは作品の典型をこしらえておいて、そこに到るための原因を作家の人生から発見するといった形式を持つ。分かり易いが、それだけ作家のたどった過程を無視しがちなこの手の形式と異なり、『評伝』は典型を拒んでいる。「五勺の酒」を書くことのできた中野は、同時期に「批評の人間性」を書き散らすこともできた男だった。松下氏はそこで、中野を無理に一つの典型へと押し込めたりはしない。中野の持つさまざまな側面が、その固有の過程を経ていくなかで、お互いに影響しあい、変化を加えていくさまを松下氏は描き出しているのだ。ある意味で、中野重治という男がつかみにくい評伝だ、と思われても仕方のない描き方ではある。しかし、誠実にある男の人生を捉えようとするならば、人生の過程がつかみにくいところをつかむことが必要なのだ、と自分は考える。過程の代わりに結論としての典型を置いて事足れりとするのではなく、過程が進行していくその様を捉えることが、人生を捉えることなのだ。過程の進行を捉えることは、自分自身の行動の過程を考えてみても分かるように、簡単にできるものではない。にもかかわらず『評伝』は過程の進行を捉え、それを描くことができている。良い評伝とはこういうものだ。そして最初の伝記としてこれだけのものを著してもらえる中野という男に、さらなる興味を抱かせる点でも『評伝』は良い伝記なのである。

こうボンヤリしながら考える。考えるのはいいが、時間についての考察はどうしたとも考える。明日やる。明日が駄目ならその明日だ。うむ、本日はここまで。

十八日　日曜

晴天、じっとしておってても汗ばんでくるくらい暑い。たいへんな時刻に起床。主観的にも客観的にもたいへんまずい時刻なので、ここに記す勇気はない。主観的というのは、昼夜逆転を正そうとする自分の目論見にとってまずいことを指す。客観的というのは、午後に会合が予定されており、既にそれが始まっておる時刻に起床するのは、エラくまずいことを指す。うかつであった。もっとも、大分長いこと寝たために体の調子は悪くない。脳の方も、そうボンヤリとしてはいないようだ。禍福はあざなえる縄の如しとはよく言ったものだ、と感心する。しかし、感心してばかりもいられないので、顔をあたり、あたふたと会合に出かける。

会合は例によって例の如くであった。趣旨は、さまざまな興味や教養の違いによって、一つの題目を多面的に捉えようと試みることである。それが、さまざまな興味や教養の違いによって題目が複雑に分裂してしまい、趣旨はどこかへ行ってしまう羽目になる。主催した友人が必死に努力して趣旨を貫徹しようとしているのに、自分は遅刻した上に上手く喋れないときている。会合に出る度に、自分自身に腹が立つけれども、今回はとりわけ腹が立った。腹が立ったら、ますます上手くしゃべれなくなる。言いたいことはあるのだが、結論ばかりをあわてて喋ってしまうのだ。

たしかデモクリトスだったと思う。上手く演説するために、頭の半分だけを剃り上げた男は。頭が半分だけ剃り上げられているものだから、恥ずかしくて表に出られない。表に出られない状況で演説の練習をひたすら行い、生えそろった頃にはべらぼうに演説が上手くなっていたらしい。なかなかいい手だとは思うが、自分には真似ができぬ。そこまでする勇気と意志に欠けているからである。上手く喋るためだけに、自分の努力を向けることを恐れるのだ。それは他の可能性を残しておきたいといった甘えた根性以外の何ものでもないだろう。やればできるけど今は他の可能性を大切にしたいのだといった考えは、やってみてもできなかった場合を恐れているために出てくるのだ。しかし、できるか否かはやってみなければ分からない。可能性を云々してやらない者は、可能性を保持するために何一つやらない帰結に陥ることだろう。これではただの馬鹿である。

そこで自分は考えた。会合中だけれども考えた。自分は上手く書く方に専念しよう。そしてその為の努力をしよう。上手く喋る可能性と上手く書く可能性との二兎を追うことは、何一つ選択をせず、努力もしないことになりそうだからである。選ぶならば、書く方を選ぶ。自分の気質に合っているからである。それ故、無闇に自分に腹を立てるのではなく、上手く喋れないことについて、いろいろ書いてみた方がいいだろう。このように考えた。

会合は終わり、早々に帰る。途中で購入した菓子パンを喰う。会合中に考えたことを適当に書き散らし今に至るわけだが、本当は時間についての考察こそ書かねばならぬのだ。考察のために覚書を作りをはしたが、矢張り同じところで詰まってしまう。まあ、無理は止めとこう。努力しようと右に述べたばかりだけれども、本日はここまで。

十九日　月曜

晴天、風少しあり快い。昼過ぎに起床、そのまま外出する。祖父母のところで、家族皆が揃うことになっているからである。

移動中にシュネェデルバッハを少し読む。ドロイゼンを扱った章に次のような文章があった。「歴史意識」という言葉には二つの意味が含まれている、という文章である。一つには、歴史についての意識。今一つには、歴史的に規定されたものとしての意識。この二つの意識についての意味が含まれている言葉として「歴史意識」がある、こうシュネェデルバッハは述べる。成程、と大きくうなずき、車中にいることを思い出して赤面することとなった。まあ、誰も自分のことなんど見てはおらないだろうけれども、何だか如何にも勉強してますといった風を装っている馬鹿みたような振舞だ。

馬鹿みたような振舞だ、と考えたところで、まずいことに気付く。自分は語学と数学とが、からきし出来ない。一言で言えば馬鹿である。馬鹿が馬鹿みたような振舞を恥ずかしがるとはこれ如何に。そう気付いて何だか訳が分からなくなる。

訳が分からなくなるほど自分自身について考えるのはいかがなものか、そこで本に戻る。ボンヤリと思いついたことに、この「歴史意識」についてのシュネェデルバッハの定義は「階級意識」についても使えるだろう、というものがあった。その思い付きを抱えたまま先を読み進めていくと、「歴史意識」の二重の意味によって存在論と認識論とが入り交じることになる、という指摘に出会う。この入り交じるキッカケは、ヘーゲルが質的変化を歴史のうちに導入したからだとシュネェデルバッハは説明している。そこで亦ボンヤリと、主と奴の関係を思いだし、これと階級意識とが関連していそうな気になってくる。ふむ、と大きくうなずいて、車中にいることを思い出して赤面することになった。そして先に述べた自分自身についての考察を繰り返し、ふたたび訳が分からなくなる。馬鹿は馬鹿といったところか。

馬鹿は目的の駅に着き、祖父母の家に向かう。祖父母に会い、元気そうに見えるのでなによりだと馬鹿は考える。両親にも会い、相変わらずに見えるので、継続は力なりと馬鹿は考える。

姉にすら会い、くたびれた風に見えるけれども、まぁどうでもいいと馬鹿は考える。馬鹿はビィルを飲み、あれこれと喰い散らし、いい機嫌になって馬鹿の馬鹿たる由縁を発揮する。皆の様子を聞く代わりに、自分のことばかり喋り続けたのだ。本当に馬鹿だ。

馬鹿は馬鹿というくらいだから、自分が馬鹿であることすら忘れてしまう。教訓としておこう。というわけで、本日はここまで。

ビクトル＝セルジュ『一革命家の回想』

二十日　火曜

曇天。早朝に起床、我ながら変であると考える。昨晩は遅くまで、いや正確には日が昇る頃まで自分は起きている。早朝に目が覚める筋合いは丸でないはずだ。おかしなものだ。そう思い出してケットを剥ぎ、立ち上がろうとするのだけれど、妙に動きが鈍い。そういや、すげえ調子が悪いぞ、脳と循環器系に痛みまであるではないか、と気付く。馬鹿は風邪を引かぬという俚諺が嘘であることの、生きた証拠になったらしい。

ダルな心持ちのまま、昨日に両親から渡された菓子の類を喰う。朝っぱらから饅頭かいな、『明鳥』の甘納豆みたようだとボンヤリ考えながら顎を動かす。とりあえず体力を付けねばならぬ。しかしダルだ。

昼に到るまで何一つ手に着かない。煙草にすらウンザリしているのだから、どえらくダルなことが分かる。時刻を見て、もう昼であると気付いたとき、何だか腹が立った。ダルだろうが何だろうが、所詮は体の問題だ。体なんざ脳の命令に従う道具に過ぎないはずである。ここは一つ、脳の威光を示さねばなるまい。勇気と意志の不足からコンフォルミズムに泥んでおる自分は、不服従と無秩序とが何だか許せないのである。ここは一つ、ここは一つ、とブツブツ言いながら外出する。要は薬局に向かっただけであるが。

滋養を採ったり、清潔にしたり、薬品を使用したり、等々、何とまあ体は金のかかることか。体も金も、脳のいうことを聞いておればよいのに無闇に逆らうのだから、その了見が分からない。こうボンヤリと考えながら下宿に帰る。とりあえず気合いを入れようと思い、ビクトル＝セルジュ『一革命家の回想』を開く。しめたもので、ダルとはいえ引き込まれるように読み進む。

若き日のセルジュがいた西ヨォロッパは、所謂ベル＝エポックの時期に当たっていた。海外植民地からの富の流入、中産階級の増大、労働者のブルジョア化といった状況がこの時期においてに既に顕著であり、セルジュをはじめとする青年達を取り囲んでいた。周囲には自足しきっている人々が満ちていた。社会主義者も、組合活動家も、そして労働者すら自足していた。まして ブルジョアや中産階級の連中は言うをまたない。彼らは考える。だんだんと裕かになってきたのだし、これからはもっと裕かになるだろう、少しばかり具合の悪いところもあるが先々直されるから心配することもない、こう自足した連中は考える。決定論的な世界。しかし、セルジュとその友人たちは現実にある社会悪を見つめる。悪は今あり、そしてその下に打ちひしがれている者が多数、今の今、苦しんでいるのだ。先々直されるなんどといった不確実な予想、自足した連中の願望は、今苦しんでいる者にとって今日のパンにもならない。だが自足している連中が社会の主立った構成員である限り、今ある苦しみを何とかする試みは、自足を妨げるものとして押しつぶされることになる。決定論的世界の維持は、出口なしの建物に閉じ込められることを意味していた。主義や組合もこの出口なしの建物を作る材料になっている、そんな状況において出口を求めるのは個々人の強い決意によるしかない。こう判断して、若き日のセルジュとその友人たちはアナキズムをもって、出口なしの社会に立ち向かおうとする。

しかし、若き日のセルジュたちがしることのできたアナキズム、当時のアナキズムは、あまりにもそのモナァクに対するアンチに忠実でありすぎた。アナキスト間の連帯はお寒いばかりで、出口なしの社会に立ち向かう手段、倒すべき対象、全てがばらばらであり、アナキスト間の闘争すらあった。ただ、他でもない己の責任によって出口を求めようとする強い決意だけは共通していた。その共通した強い決意が、アナキスト一人びとりをして、体ごと社会に叩きつけさせることになる。どのような形であれ、アナキストたちは実践に出たのだ。所謂「理論と実践」の問題は、組織の問題である。指導する者とされる者との分離がないアナキストには、社会に立ち向かうと決めたことは立ち向かう行為に直ちに結びつく。そして、当たり前の話だが、アナキストたちは各個撃破されていった。

若き日のセルジュとその友人たちは、捕らえられ、裁かれ、殺されるか鎖に縛られるかどちらかの道をたどる。セルジュも亦、捕らえられ獄に入れられるあたりまで読んだところ、忘れておったダルな心持ちが強く意識に上がる。これじゃあ現代そのものではないか、そして現代で出口を求める人々は同じ道をたどっているだけではないか。あんまり似ているので気味が悪い。こう考えてしまい、とてつもなくダルになる。

気が付いたら深夜になっていた。どうやら寝ていたらしい。夕方に、うへぇ似ているとダルな心持ちになったことは覚えているから、その後ノンキにも居眠りしたようだ。とりあえずこれを書くために起きる。で、今書いているわけだが矢張りダルな心持ちだ。本日はここまで。

二十一日　水曜

　雨天、冷え込みがきつく冬が近づいているのが分かる。昼過ぎに起床、辺りが鼠色に見えるため、寝過ごしたかとしばし狼狽する。時刻を見て少し安心するけれども、世人にとっては安心からかけ離れた時刻であることを何故か考えてしまう。そのまま考え続けると自己嫌悪に陥るのは目に見えている。自己嫌悪はイヤなものである。とはいえ自己嫌悪から自己憐憫に移行して、快さを覚える年でもない。とにかく起きようとケットをひっ剝ぐと、エラく寒い。表の様子をうかがうと、低くクモが立ちこめ、こやみなく冷たそうな雨が降っている。昼だというのに鼠色に見えるわけである。しかし寒い。

　勇を鼓して顔をあたる。水は冷たく、根性のない自分は、よほどの決意をしなければ顔をあたることすらできない。まだ秋であるのに決意がいるのだから、冬の最中にはどうなっていることか。しかし、どうして髭なんてものがあるのだろう。面倒なものだ。爪もそうだ。髪もそうだ。考えてみれば、生やしては切り、生やしては切りを死ぬまで繰り返さにゃならん、面倒なものだ。なんどとすこぶる怠惰な思いに耽っているうちに、まぁ人前に出てもおかしくない程度になる。そのまま外出する。

　所用を済ませ、諸般に入り用の品々を購入して下宿へ向かう。歩道にタテカンあり。二日前の早朝、ここいら辺で集団による暴行が起ったとの由。知っていることがあるなら、どこぞへ通報しろと付け足りがある。何が何だが分からないタテカンだ。集団が何ものであるのかを述べず、被害者についても述べず、とにかく通報しろと述べているだけに見える。集団及び被害者について何か知っている者ならば、関係者に決まっているから通報はリスクが伴う。何も知らない者ならば、通報しようにも何が起こったのかすら理解ができない。よく分からないタテカンだ。若しやと思うが、タテカンを置いた者も事態がよく分かっていないのかも知れぬ。それならそれで、通報しろとタテカンに書く前に、ある程度目鼻がつくまで調べた方がよかりそうなものだ。本当に分からない。

ただ、分からないながら気付いたことがある。訳の分からぬタテカンをおいても「通報しろ」という指示が果たされると、置いた者が期待していることである。つまり、通報することが正しいか否か、それを判断する材料を提供することがなくても、通報は為されると期待しているのだ。タテカンを置いた者は、秩序を維持する組織の者だろう。彼らの維持すべき秩序が判断抜きの行為で守られるものならば、その秩序はろくでもないものだと自分は判断した。判断する理由はこうである。秩序は命じられて守るものではない、必要と判断するから秩序があり、守られるのだ。必要と判断される代わりに、与えられ命じられたものとしての秩序があるならば、秩序は秩序でなくなる。要するに守られないのだ。与えられ命じられた秩序は、必要としての秩序と異なり、守る理由が存しない。違反が罰せられるときのみ、与えられ命じられた秩序は守られる。そのことは、バレなきゃ何やってもいいという帰結に陥るだろう。このような秩序は長持ちしない。長持ちしない秩序は、秩序と呼ぶことすらはばかられる。ろくでもない秩序と先にいったのは、こうした理由によるのだ。

と、たかがタテカンの文言から秩序についていろいろ考える羽目になった。自分は、貧弱な筋肉と出来の悪い脳の持ち主だ。それ故、秩序がないと大変な目にあってしまうから、秩序は大好きである。ところが肝心の秩序、自分の周りにある現在の秩序がろくでもないものだから、心配で仕方がない。どうしても無秩序という秩序に見えて困るのである。無秩序という秩序とはどういうものかをいえば、自然淘汰みたようなものを指す。こういうのは実に困るのである。

困る困ると言ってばかりもいられないので、タテカンの前から去り、さっさと帰ることにする。下宿に着き、購入した菓子パンを喰う。腹もできたところで、昨日来のセルジュ『一革命家の回想』を読む。セルジュがボルシェビキに賛同し、革命を推し進めていく過程において、ソビエト官僚の強大化を危ぶみだしたところで本を閉じる。続きは明日、この文章も本日はこれまで。

二十二日　木曜

曇天。昼過ぎに起床。体の具合が良くなっていることが分かる。調子がいいので、さっそく下宿の掃除にとりかかった。自分は、イヤなことがあれば掃除をし、調子が良ければ掃除をする。辛いときには気晴らしになり、楽しいときにはさらに機嫌が良くなるから、掃除は有り難いものだ。もっとも、自分は平常心を尊ぶから、あんまり掃除をする機会はないのである。というわけで、久しぶりに掃除機とたわむれていたら、そこそこ下宿がキレイになったので外出する。

所用を済ませ、さっさと下宿へ帰った。乾肉、乾パン、チィズ、蜂蜜、茸の塩漬けを喰う。腹を作ったら本が待っている。セルジュの『回想』を、そこで開く。

党の官僚化に抗して左翼反対派が形成されていくなかで、セルジュも亦これに加わることになった。そう述べてある下りを読んで、少しばかり考える。左翼反対派は、セルジュを含めた古参ボルシェビキによって形成されている。形成といっても、大衆活動を始める以前に十五回党大会で壊滅させられたのだから、反対派は少数であったろう。ここが自分に引っかかる。政治における理想派が少数であることは珍しくない。ただ、少数の理想派が青年たちでなく、海千山千の経験を積んだ者によって構成されることは、かなり珍しい事例に思われるのだ。

そこで、権力闘争の過程において破れた側が理想を語って権力の再獲得に挑んだ、と見ることはできる。左翼反対派の面々は、革命の最盛期と内戦の時期に活躍した者ばかりであり、ある意味で革命を維持する権力、その権力の中枢に位置していた。したがって、書記局を主とする新しい権力の中心が出てきた際、革命の理想を維持しようと反対派が要求することは、自らの権力の維持の要求と見られてもおかしくない。例えば、ソルジェニィツィンの『収容所群島』では、反対派の主眼は権力の再獲得であったように描かれている。

反対派が問題としているものには二つの中心があった。一つの中心は、言論の規制とチェカであるが、これらを生み出したのは他ならぬ反対派、つまり革命に活躍した面々ではないかとソルジェニィツィンは述べる。今一つの中心は悪化していたソビエト経済を立て直す路線の問題である。ネップマンやクラァクを厚遇することで流通と資本を増やそうとする路線が、当局によって採られていた。これに対し、計画的な工業化をもって農村と都市との流通を確保し、労農それぞれの協同組合による生産を増やそうとする路線が反対派から出されていた。結局、当局のイデオロォグであるブハァリンが政争で破れたことから、ソビエトは工業化路線へと左旋回する。その際、反対派のかなりの者が、何であれ自己の路線が採用されたのだからという理由で当局に屈し、自己批判をおこない再び権力の担い手となっている。ひっきょう言論の規制とチェカの問題は付け足りだったことが、この復帰からも明らかだというソルジェニィツィンの指摘はかなりの説得力を持つと言えるだろう。

だが自分には引っかかる。自ら作り上げた体制に対して反対して、指導的地位からそれこそ無一物の状況にまで陥る羽目になった面々がアリビストとは納得ができぬ。引っかかるというのも、アリビストであるならば地位を失うリスクを犯してまでして反対派を形成するだろうかと疑問に思うからである。よしんば権力から遠ざけられたとしても、各誉職の類に事欠くことはない者たちであったからである。

また権力への復帰の問題にしても、当局に屈した者たちがかつての地位を取り戻したわけではない点で引っかかる。もちろん「返り忠」が信用されたいことは古今東西共通しているから、地位が取り戻せなかったことに引っかかっているわけではない。取り戻せないことを知ったうえで彼らが復帰した可能性を考え引っかかっているのだ。ソルジェニィツィンは単純過ぎはしないだろうか。例えば四月テェゼをめぐって、レニンは正しく、カァメネフとジノビエフは間違えていたとだけ述べる党史のように。（確かにレニンは正しかったと自分も考えるが、これは後付けの判断で言っているに過ぎない。四月テェゼの段階で、レニンは亡命先からロシアに帰ったばかりであり、カァメネフとジノビエフはロシアで実際に活動し続けてきた。大戦中である。帰国直後のレニンはほとんど情報を持たず、カァメネフたちの方が現状についての情報を豊富にもっていたはずだろう。にもかかわらずロシア人民は七月蜂起の方向へ、四月テェゼの方向へ向かっていった。カァメネフとジノビエフは間違えていた。ただ、ここで考えねばならないことは、レニンが現状を知らないでも正しかったことである。カァメネフとジノビエフは馬鹿だったから間違えた、では説明がつかない現象がここにあるのだ。そしてレニンは常に正しかった、と説明することは考えることを放棄することである。馬鹿と正しい人との対比が党史の単純さであり、この単純さをソルジェニィツィンにもいささか感じるのだ。反対派は権力志向の人間の集まりであると見るには、引っかかるところがあまりにも多すぎる）

こう引っかかっている理由の一半は、セルジュの述べるところによっている。彼は言う。われわれ党員は個人としては存在していなかった、と、党員は言葉のもっとも良い意味において赤色イエズス会士である、とも言う。右の言葉についての彼自身の説明は、次のようなものだ。西欧型のマルクス主義政党、その代表的存在であるドイツ社会民主党が議会における権力を得ようと努めたのに対し、ボルシェビキは真理の獲得から出発している。それが、われわれ党員が個人として存在せず、ある意味で赤色イエズス会士である理由なのだ。学問的な側面から発展したロシア＝マルク主義は、ボルシェビキに至って真理への崇高な指名という形で実践に移された。こうしたことはボルシェビキに驚くべき道徳的エネルギィをもたらし、同時に宗教裁判を無闇に起こしかねない聖職者意識を生じさせたのだ。こうセルジュは説明する。

左翼反対派に集まっていた者の大半は、古参ボルシェビキであった。党員であることが利益になるどころか、殺されても仕方のない時期に党員となった者たちである。もちろん、そのような献身を行った者ですらアリビストであり得た可能性を自分は否定しない。しかし、アリビズムのうちに反対派の存在理由を求めるのは、彼らの献身的態度との矛盾が説明できず今一つ納得がいかぬ。そこでセルジュの実体験からきた説明が、より一層の説得力を持つのである。

古参ボルシェビキの献身は真理に対するものであった。そして真理は党によって現わされる。反対派の理想主義は、真理への崇高な指令から来るものだ。それ故、レニン死去以降に入党した多数の新党員ではなく古参ボルシェビキばかりが集まったのだ。

反対派の路線闘争は、党によって現わされる真理をめぐって行われた。それ故、ただの政争ではなく地位を捨ててでも闘うべき問題となったのだ。

反対派の復帰は、彼らが党を除名されたことに思いをいたさねばならない。党を離れて真理はない。それ故、個人として生きてこなかった古参ボルシェビキは、党籍剥奪に耐えられなかったのだ。

そして最後に、言論の統制とチェカの問題を反対派がしばしば忘却した理由、それを彼らの聖職者意識のうちに見いだすことになる。党が真理を現わすものである以上、党に反するものは真理に反するものである。それ故、真理への献身は、真理に反するものへの不寛容となるのだ。

こう考えるとある程度納得がいく。ある程度というのも、巨大な例外が残っているからである。トロツキイが、その例外である。セルジュの考えを使った説明のどれにもはみだしてしまう存在としてトロツキイはおるのだ。もちろんソルジェニィツィンの説明なんど論外である。

(ちなみにソルジェニィツィンは『チューリッヒのレーニン』において、トロツキイを卑小な男として描いている。彼に言わせれば、トロツキイの革命理論はパルブス、一名ヘルファントの理論の祖述に過ぎぬらしい。そしてトロツキィの行動は、革命理論に基づいて為されているのだから、パルブスの弟子の行動以外の何ものでもない、とソルジェニィツィンは考えているようだ。党史の如き単純さの典型が、このソルジェニィツィンのトロツキィ観に現れている。永久革命論者としてのトロツキィとパルブスの二人がいる、革命家としてはパルブスの方が先輩である、故にトロツキィはパルブスの弟子である、Q・E・D。見事な単純さである。理論の結論のみを捉えて、そこに到る過程を見ることはない。彼に従えばレニンの『帝国主義論』は、ヒルファアディング及びブハァリンの理論の祖述に過ぎなくなってしまう。まして、ゴォリキの印税を着服し、それを元手にドイツ帝国の御用商人となったパルブスと、文学を好むという悪癖があったけれども、大体において禁欲的にその生涯を革命に捧げたトロツキィとの区別をつけない了見が、自分には全く理解できない。

と、だいぶん難癖を付けてしまったが、自分は彼の小説をべらぼうに好む。『ガン病棟』は何遍読んだか分からぬ位だ。彼の人間を描く筆力は『マトリョーラの家』を一読すれば明らかなように、どえらく優れている。にもかかわらず、反対派やトロツキィを扱うとこの体たらくなのだから、その落差には驚くばかりである。そこで自分は、ソルジェニィツィンにあるソビエト的性格なるものを考えている。ソビエト的性格とは、政治上のカテキズムによって世界と人間とを把握しようとする態度を指す。そんな抹香臭いもん優秀な作家が持っているかいな、

と疑問に思う者は、文学を知らない者である）
セルジュの『回想』の残りは、おそらく第四インタについてのものだろう。トロツキィについても、いろいろあるはずだ。そこで期待しようというわけで、本日はこれまで。

二十三日　金曜

雨天、夕方より雨が止む。昼過ぎに起床。普段の起床時刻ではあるが、寒さのために目が覚めたようである。寝ているうちは、ケットをうまいこと繭みたようにして寒さに対抗していたらしい。我ながら器用なものだ。目覚めたとき、体はケットでぐるぐる巻きにされており、身動きがままならない状態で寒さに震えていた。ドタバタして何とかケットから抜け出たものの、寒さを直接肌に感じるとさっそくサナギに戻りたくなってきた。しかし、繭から出てしまえば後戻りはできないと相場が決まっている。節足動物の相場ではあるが、まぁ万物の霊長が奴らに負けるわけにはいかないから、ここは一つ頑張ろう。と訳の分からぬ頑張りを見せて、無闇に厚着をする。ついでに缶詰を暖めて喰う。

人心地がついたので、チョットした気晴らしのつもりで中島義道『孤独について』を読む。気晴らしの速度で読了。気に喰わぬ本はサッサと読むに如かず、『孤独について』はどうも気に喰わなかった。読み終わっても後味が悪く、えれえ目にあったと考えながら表に出る。金策の時刻がやって来たのだ。

いろいろと不義理を重ねてから下宿へ向かう。夜もふけ、雨は止んだものの寒さは厳しさを増し、燃料補給の必要を感ずる。そこで下宿に着くや否や、購入した菓子パンを喰う。しかし矢張り寒いことには代わりがない。冬を前にこんなことでどうする、と自問してみるが、自問しても暖かくならないから止めた。その代わり、『孤独について』への怒りで暖まろうと考える。

中島氏は孤独だったらしい。家族はヘンテコな奴ばっかりで心が通わなかった、本人もヘンテコな人間だから、友人もいなかったとのことだ。ヘンテコで孤独なことは不幸だと中島氏は言う。小説に出てくる絵に描いたような不幸より、高校生になっても球技一つできず孤独になるなんどといったヘンテコな不幸の方がより身近で切実なのだそうだ。

しかし、と中島氏は続ける。こういった不幸によって孤独の有り難みが初めて理解できるのだ。一人ぼっちであることを見つめることで、死について思いをいたすことが可能になるからである。死ぬときは皆孤独である。平凡な人間はごまかしているが、死は孤独なのである。そして人は皆死ぬのだ。必ずやってくる死について、ごまかすことなく思いをいたすことは孤独な己れを見つめることである。

このように中島氏は考え、次の結論を述べる。自らの経験によれば、己れの不幸を見つめることで、ごまかすことなく死を考え、それに向けて生きていくことができるようになった。世に不幸な人はあまたいるだろう。その人たちも、己の不幸を見つめることで、何がしか得られるところがあると思う。不幸な人よ頑張り給え。このようにして中島氏は結論を終わる。

自分は、結論に関しては異論がない。だいたい結論というものは、人によってそう異なるものでもない。異なるのは結論に到る過程である。そして自分にとっては、中島氏の過程がとにかく腹が立つものとしてあった。

両親がいて、それほど貧しいわけでもなく、学歴も最高学府のそれを持っている。でもヘンテコな性格から孤独であり続け不幸であった。中島氏の不幸とはこうしたものだ。これをゼイタクと非難したいわけではない。人の不幸はバケツで計れるようなものではないからである。独裁者の孤独の苦しみは、彼の圧制の下にあえいでいる貧しい人々の苦しみよりも深いものであるかも知れぬ。少なくとも自分には、どちらがより不幸であるかを判断することができない。同じように、中島氏の不幸も、彼にとってはべらぼうな不幸だと言われれば、そうしたものかと納得するだけである。小説にあるような不幸より、己れの不幸のような身近なものこそ切実だと中島氏が言うとき、不幸は各人各様であることを前提としているのだと納得ができる。

腹が立つのは、各人各様の不幸があることを前提として論じておきながら、孤独という不幸を避けている者、死が孤独なものであることを考えない者を、ごまかして生きている駄目な奴として中島氏が論難していることだ。この駄目な奴の例として、「平凡な会社員」を挙げていることだ。「平凡な会社員」だっても、彼なりの不幸を持っているだろう。よしんば、それが家のロォンであったり息子の進学問題であったにせよ、彼の不幸は彼にとって身近で切実なものとしてあるのだ。これを論難することは、不幸は各人各様である前提を否定するものである。何らかの形で、人の不幸の大小を計る基準を持ち込むものである。

ひっきょう中島氏の考えは、「俺の不幸は重大なものだが、お前の不幸は詰まらぬものだ」と言っているのと代わりはない。死を考えるか否かが、そこでの基準である。死について考えさせることのない不幸は詰まらぬものとしてあるらしい。だが、次のような言葉もある。生きているあいだは死が分からない、死んでしまえば死についてもう思い悩むこともない、故にわたしは死について考えない。エピクロスの言葉である。筋が通った言葉であるから、中島氏の基準が絶対ではないことが分かる。エピクロスにとっては、中島氏の基準が通用しないのだ。筋を通して通用させないのだ。もちろん、こう述べることで先哲の権威をもって、中島氏に駁論しているわけではない。ただ、矢張りエピクロスはエピクロスなりに、「平凡な会社員」は「平凡な会社員」なりに、中島氏は中島氏なりに、各人各様の考えで不幸に対していると指摘しているのである。

中島氏の基準は中島氏の人生に向けてのものであり、それを用いて「平凡な会社員」を駄目な奴と規定するためのものではないのだ。にもかかわらず、こうした規定を行うのだから中島氏は筋を通しておらない。ついでに言えば、中島氏本人の自賛のために筋が通せなかったとしか思えない。自賛のために筋が通せない論者は信用されぬ。もっとも自分には、そのことはどうでもいい。どうでもよくないのは、結論まで信用されなくなったらどうするつもりなのかということだ。自分はこう思い、腹を立てる。

うむ、いつまでも腹を立てることは精神衛生に良くなさそうだ。それに、あんまり暖まらないではないか。セルジュの続きでも読もう、本日はこれまで。

二十四日　土曜

曇天、時折降雨。昼過ぎに起床。そのまま外出する。不義理を重ねすぎてエラいことになっているからである。対策のため、いろいろ所用をたさねばならぬ。

自業自得さジョルジュ＝ダンダン、などと口走りながら金策に励む。くたびれる。

当たり前のことをしておられないのだから、エラい目にあうのが当たり前だ。そう考えはするけれども、矢張りエラい目にあうのは困るのである。言ってみれば、気の弱い患者が外科手術を先延ばしにするようなものだ。手術を先延ばしにすれば、病気は悪化する。しかし手術は怖いのだ。気の弱い患者が手術を決意するのは、これ以上ほおっておくと手術不可能なまでに病気が悪化するときだろう。もちろん、医者や家族がやいのやいの言うことで、決意はヨリ早く為されるのがふつうである。ここで自分に話を戻せば、自分の生活において医者や家族に相当する存在は自分の理性だけである。そして自分は、理性がやいのやいの言っているのを無視することに慣れてしまった。それ故、ぎりぎりまで決断を先送りして、エラい目にあうことが常態になっている。自業自得さジョルジュ＝ダンダン。

クゥニスの批判のなかでマックス＝ウエェバァが、自由とは理性的行動のうちにあると書いていた覚えがある。自分の実体験からも納得ができる意見だ。怠惰の性に流され、小心な振舞いばかりでその場その場を適当にしのごうとするとき、自分は自由でないと感ずる。感ずるばかりか、自由でないと判断もできる。ヒトは弱い存在であり、周囲の状況に左右されるばかりといった決定論、その論の通りに生きていると判断ができるのだ。理性的行為は、この種の決定論に対する意見の反抗であり、自由への糸口なのだ。理性による決定論ももちろん述べられては来た。しかし、決定論の何らかの実体を、つまり世界の本質を要請するものである。実体もしくは世界の本質を理性であると考えることは、理性的な考えではないだろう。

どうしたわけか、自分は自由を好む。そこで、理性がやいのやいの言うことを聞かねばならないと理性的に判断する。ただ、自由を好むからと言って、そのまま理性的行動に移ることは難しい。矢張りヒトは、いや自分は弱い存在であるからだ。病気が悪化すると分かっていても、手術は恐ろしいのだ。

そこで自分が極まれに理性的な行動をとったときを考えてみると、その大抵において恥ずかしさが行動への牽引車となっていることが分かる。自分よりつらい状況のなかで、自由に振舞おうと努力する人々、そうした人々に対して恥ずかしく感ずるのだ。自分は弱いからなんどと言って、状況に流されるままになっているのに、はるかに悲惨な状況に立ち向かっている者がいる、そのことが恥ずかしいのだ。自分にとって、理性的行動は恥ずかしさをまって初めて為されている。だから、理性的行動をとらないときは、恥を忘れているわけである。言い換えれば、恥はイヤなものだから、なるたけ忘れるようにするために、理性的行動がとれないと言ってもいい。自分は、恥を忘れることを恥じねばならぬ。

とりあえず、右のように考えながら所用を済ませ、下宿に帰る。乾肉、豆腐、林檎を喰う。セルジュの『回想』を開く。読了。終わり方が素晴らしい。トロツキィの遺書もそうだったが、自らの生涯と革命への情熱が見事に結びつけられた形で述べられている。何だか自分が恥ずかしくなった。うむ、本日はこれまで。

野崎昭夫ほか『露西亜学事始』

二十五日　日曜

曇天、雲一つない上天気の日曜日となった。寒からず、暑からず、何とも素晴らしい陽気のためであろうか、昼を大分過ぎたころに起床する。まぁ日曜だからいいか、と自分に言い訳しながら、のんびり支度をして外出する。重ねてきた不義理の一つを何とかするためである。

やっさもっさした挙句、今日一日で何とかなったようだ。いい心持ちで日の落ちかかった街を散策する。公園では、催し物であったのか屋台が建ち並び、子供連れの家族で満ちていた。風船をもってウロウロしている子供の顔はエラく楽しそうであり、複雑な機械で遊ぶ時代でも風船は生き残るのだな、と考える。もっとも、風船そのものが長持ちすることはない。

明日の朝には、寝室の床に風船が転がっているのをあの子供は見るだろう。複雑な機械と違って、保証期限もなければ修理もきかないことをあの子供は知るだろう。それでもあの子供は、機会があり次第また風船を買ってもらおうとするだろう。生意気になるまでの話だが。

生意気な年頃を迎えると、無闇に子供らしさを否定したくなるものだ。少なくとも自分はそうだった。子供らしさを否定することは、大人としても自己を規定するわけだ。残念ながら、規定したぐらいでは大人にはなれないのだけれども。

大人であることは困難だ。何故なら、大人と子供の違いは責任を果たすか否かにかかっているからである。あらゆる行動には結果が伴う。そして行動は、結果を予想した上で為されることが大抵である。この予想した結果と現実の結果との喰い違いを埋める作業が、責任を果たすと呼ばれるものだ。子供はものを知らないから、行動の結果を予想することができぬ。それ故、責任も果たせない。大人はものを知っていると見なされているから、責任を果たし得るとも見なされている。大人であることの困難さは、この「ものを知っている」と見なされている点にある。

己れのとった行動より来る責任を果たすためには、先ずどこまでが自己の責任かを判断しなくてはならない。というのも、現実の結果は、さまざまな要素によって成立しているからである。それ故、己れの行動があたえた影響を把握しなければ、予想と現実との喰い違いを埋めることができぬ。己れの行動と他のさまざまな要素とが如何に現実の結果を構成するかを把握しなければ、喰い違いを埋めようとする行動がさらなる喰い違いを生み出すことになるからだ。そこで「ものを知っている」ということは、自己の行動を含むさまざまな要素が現実の結果を構成する、その構成の仕組みを知っていることだ、と言うことができよう。しかし、構成の仕組みを知っているならば予想と現実との喰い違いは起こらないだろう。さまざまな要素が結果に関わってくることを考慮に入れ、それ等の攻勢に仕組みを知った上での行動において、喰い違いが出るのはおかしい。喰い違いが起こるのは、仕組みを知らないからである。そして、その喰い違いを埋めるためには、仕組みを知らなければならないのだ。

大人であることが困難である理由は「ものを知っている」と見なされる点にある。ものを知っていれば責任を果たす必要がない。責任を果たす必要があるなら、ものを知ってはいないのだ。しかし、責任を果たすためにはものを知っていなければならぬ。大人はものを知っていると見なされる故に、責任を果たし得るとも見なされる。けれども、右に述べたように「ものを知っている」ことと「責任を果たす」ことは両立しない。このような両立しない性質を併せ持つ存在が現実にいるのかどうか、疑問に思うのは当然である。大人は、果たして現実にいるのだろうか。

ただ、言えることとして次のようなものがある。それは、「ものを知っている」限り責任を果たす必要がないのだから、責任を果たすために「ものを知っている」ことが要請されている、というものだ。つまり、大人は物を知っているから責任を果たし得るのでなく、責任を果たさなければならないから「ものを知っている」と見なされるのだ。大人とは、責任を果たさねばならない存在であることがここで分かる。もちろん、先にも述べたように、責任を果たすためにはものを知っていなければならず、ものを知っていれば責任を果たす必要はない。故に、大人であることは、責任を果たそうとする態度、責任を果たすためにものを知ろうとする態度以外の何ものでもないと自分は考えている。言ってみれば、大人であろうとする態度こそ大人であることなのだ。

と長々書いてきたけれども、実は単に子供と風船との関係が大人と責任との関係に似ているという、間抜けな思いつきの説明に過ぎない。いつの間にか風船がどこかへ行ってしまったが、恐らく大人であろうと自分が力瘤を入れすぎたせいだろう。

さて、間抜けた思いつきを抱えたまま下宿に帰る。豆腐、乾パン、蜂蜜、茹で卵、林檎を喰う。腹ができたので『露西亜学事始』を読む。まだ半ばほどしか読んでおらぬので、本日はこれまで。

ニコライ・バレンチノフ『知られざるレーニン』

二十六日　月曜

晴天、次第に雲量が増し、暮れ方には曇天となる。いちおう朝と呼べる時刻に起床。寒い。陽は出ているのだけれども、どうしたわけか冷え込みがきつい。ケットをはね除けるのに少しばかり勇気が要った。寒いからといってケットから出ることにも躊躇っているのだから、ラァゲリにぶち込まれた場合どうなることか。ゼイタク言ってないで、さっさと起きよと勇気をふるったのである。

我ながら大げさだと考えるが、矢張りケットから出たらエラく寒い。例によって無闇に厚着をし、缶詰を暖めて喰う。ラァゲリではこんなことできないだろうと思い、何だかゼイタクな心持ちにうっとりとしてしまう。

所用のない日であるから、さっそく本に取りかかる。『露西亜学事始』は昨晩、いや正確には日が昇る頃に読了した。お陰で脳はロシアのことで一杯になっている。この勢いで、前から手を着けよう着けようとしながら先延ばしにしていたニコライ＝バレンチノフ『知られざるレーニン』を読み出す。先延ばしにしていた理由は、簡単である。バレンチノフがエミグレの一人であることは知っていた。エミグレの感情的な批判にウンザリしている上、レニンに対してそれが為されると自分まで感情的になって腹を立ててしまうからだ。ただ、ロシア＝ジャコバン主義とボルシェビズムの関係でよく言及される本であるため、手を着ける必要があったのである。

序文を読むうちに、かなり安心する。バレンチノフは、自己の経験を語る回想録としてではなく、過去の自己との対話としてこの本を著したらしい。歴史について考えたことのある者でなくては言えない言葉だ。過去は常に現在からの対話でしか現れない。経験すなわち過去と見なすならば、過去の代わりに序列化された現在を語るばかりで、そんなものは歴史でも何でもない独語に過ぎないのだ。独語を避け、歴史を求めている者が書いたものなら読み応えがあるに決まっている。そう考えて、頁を繰っていく。

実際、読み応えがある。過去との対話であるから、序列化という形で整理された話ではない。そのため説明不足なところが多いけれども、妙に生々しい。

説明不足なところとして、ボルシェビズムは最初からレニン崇拝に他ならなかったとあるのが、例として挙げられるだろう。党の分裂は、ひっきょうレニンの信念、己れが革命党を率いていくのだという信念から引き起こされたとバレンチノフは言う。この信念と、革命は生きているあいだに必ず起きるというレニンの信念とが、「催眠術的魔力」をもってボルシェビキを形成せしめた、これがバレンチノフのボルシェビキ観である。レニンの信念と信仰、それ等の描写は生々しく、恐ろしく啓発的だ。ただ、「催眠術的魔力」が何のことやらサッパリ分からない。バレンチノフは「魔力」を感じたのかも知れぬが、若し「魔力」なるものがあったなら党は分裂しなかったはずである。これで「魔力」が何のことか分かれば、その方がおかしいだろう。

というところで一息つく。何だか興奮して読み進めなくなったから、気を落ち着かせるために下宿の掃除に取りかかる。レニンは整理整頓が好きだったんだぜと呟きながら、かなり本格的にキレイにする。レニンの整理整頓ぶりをバレンチノフが書いていたことに刺激を受けたのか、とにかく本格的にやった。しかし、あんまり本格的にやったため、自分もホコリの余波をだいぶ浴びることになった。仕方がないから風呂屋へ向かう。

下宿に帰り、豆、林檎を喰う。もちろん喰いながらバレンチノフを読み続ける。

クレプスカヤについての、これまた妙に生々しい分析がある下りでひとまず止め、これを書いている。書いてはいるが、「総稽古」やマッハ批判がどう描写されるか気になって仕方ないので、本日はここまで。

菊池昌典『現代ソ連論』

二十七日　火曜

曇天、時折降雨。朝に起床。昼夜逆転も治ってきたのか、目が覚めたら朝であった。もっとも日の出近くまで起きる習慣は変わっていないが。

寒い。例によってケットを飛び出す決意をしてから、一息に跳ね起き、ケットを畳み、無闇に厚着し、缶詰を暖めて喰う。気が付いたらバレンチノフを読み終えてもいた。昼過ぎである。所用があるので顔をあたり、表に出る。

さっさと用事を済ませ、下宿に向かう。バレンチノフの著作のせいか、二十四年以後の党について調べたかったからである。菊池昌典『現代ソ連論』を、無計画に積んでおいた本から掘り出して読み始める。

収録してある「シベリア干渉戦争」論を読み終え、何となく時刻を見たら、日付が変わっていた。この辺で閉じようかと思ったけれども、次の収録論文は「スターリン時代」である。ここで本を閉じることができる奴は、この世にそうはいない。とりあえず、豆腐、豆、林檎を喰う。喰いながら読む。

そうか、赤色ジェスイットから産業ジェスイットへの変化がスターリン時代の党員に起こったのか、と感心し、うむうむと唸りながら読む。夜中である。そんな時刻に、唸り声を出したり、変に抹香臭いことを叫ぶのは止めた方が良かっただろう。冷静になった今、下司の後知恵でそう思う。

まだ「中ソ論争」論ほか、半分ばかりの収録論文が未読のままだけれども、このままだと昼夜逆転が悪化しそうなので、閉じる。閉じたから、これを書いている。そこで、バレンチノフの本について少しばかり殴り書き的覚え書きを記す。「総稽古」への言及がほとんどなかったのには拍子抜けした。つまりバレンチノフによるトロツキィ評価を知ることができなかったわけだ。固より『知られざるレーニン』とある以上、題目が絞られているのを承知はしていた。だが、マルトフそしてプレハァノフをあれほど生々しく描写しておいて、トロツキィを抜かすなんざ蛇の生殺しもいいところである。まぁ愚痴をいっても仕方がないか。

それよりも、かなりの収穫があったことを殴り書きしておこう。レニンのマッハ批判をめぐるバレンチノフの考察が、刮目すべきものであったことである。その考察は、『唯物論と経験批判論』と『哲学ノート』とのあいだに断絶があるというものだ。実のところバレンチノフによる断絶の説明は、そう納得できるものではない。だが、断絶があるという指摘は、コロンブスの卵みたような意味が自分には合った。

レニンの『唯物論と経験批判論』は、余程のことがない限りヤバイ論文と見なされるのは確かだ。認識論のない唯物論は、ネオ＝プラトニズムの粗雑な亜流でしかない。客観的事物からの「流出」が感覚となって、ヒトに客観的事物を認識せしめるといった唯物論、イデアの代わりに「客観的事物」が置かれただけの唯物論。これはヤバイに決まっている。残念ながらレニンは、『唯物論と経験批判論』を著した時点では、形而上学をなめきっている。形而上学をなめると後が恐ろしい。というのも、論理でもって意味を捉えようとする形而上学は、客観化された意味を求めるもの、つまり論理という形で意味を操作可能にしようとするものであるからだ。

どうしたわけか事物には意味が結びついている。そこで事物について考える際、対象が事物についてなのか、事物の意味についてなのか判然としない。意味を操作可能にしようとする形而上学は、こうした判然としない事態をその対象とする。操作可能になったか否かは、問題ではない。問題は、事物と意味との弁別が判然としないことを形而上学が問題としてきたことなのだ。もちろん形而上学の営みにおいて意味が操作可能であったためしはなく、事物と意味との結びつきを解釈してきたにとどまる。何故なら、事物と意味との結びつきは、しばしば変化するからである。それ故、事物と結びついて変化する意味を客観化し操作可能にする論理が、形而上学に要請されることになった。つまり変化を操作可能にする論理を形而上学は求めてきたのだ。

世界を変革するためには、変化が操作可能でなければならぬ。意図せざる変化を変革とは呼ばないからだ。そこで、事物が意味に先立つと考えた者が、変革として事物を今までにない風に変えたとしよう。事物の変化にともない意味も変化したとしよう。さて、変革は意図した変化であるはずだが、今までにない事物の変化が今までにない意味の変化をもたらしたらどうなるか。これを変革と言えないことは明らかだろう。『唯物論と経験批判論』にある唯物論は、事物が意味に先立つと考えられた「唯物論」である。世界を変革しようと意図するならば、あんまり採用したくない「唯物論」だ。ちなみにマルクスの唯物論は、これと全く別物である。何故なら、形而上学が求めてきた、変化を操作可能にする論理をなめてはいないからである。この論理は弁証法と呼ばれるものだ。弁証法は形而上学の問題意識から求められた論理であるから、事物と意味との弁別が判然としない事態を前提とし、その変化を対象としている。この論理をマルクスは形而上学から科学へと換骨奪胎するのだ。形而上学の操作可能は、目的論もしくは神義論を絶対のものとしてしまう。如何に事物と意味とが判然と弁別できないことを前提としていても、形而上学は意味の操作可能性を追求しているからである。意味が確実に操作されるならば、この世には意外なものがなくなり、全てが決定されたものとなる。ヘーゲルの弁証法は、確かに変化を対象とし、論理のうちで操作可能にしてはいる。しかし矢張り形而上学であるから、どえらく絶対的な神義論が出てきてしまうのだ。この神義論に対し、科学は予測を持ち出す。神義論と予測、両者ともに確実なものを求めるけれども、予測は予測すること自体が変化をもたらす可能性を持つ。この変化の可能性こそマルクスの唯物論が、弁証法を用いて注意深く扱ってきたことなのだ。予測によって事態が変化することを予測して、どこまで先の予測による影響を少なくできるか、最終的な確実な予測ができるかを予測していくことがマルクスの唯物論なのだ。こう説明すると、何だかくだくだしいけれども『資本論』を一読すれば明らかだ。と自分は考える。

レニンの『唯物論』は、マルクスの科学に対し、かえって観念論的なものと言えるだろう。しかし、自分はレニンの著作のうちマルクスの科学を見出すことがしばしばである。『唯物論と経験批判論』みたようなヤバイ本を書いておいて、マルクスの唯物論の実践としか言いようのない分析と予測とを行っているのであるから、何だか訳が分からなくなった。だが、バレンチノフによれば、レニンは『唯物論と経験批判論』にある「唯物論」がヤバイと自覚していたらしい。その証拠に『哲学ノート』におけるヘーゲル論理学の研究があるということだ。情けない話だが『哲学ノート』は未読なので定かには言えぬけれども、バレンチノフの考えは、先の訳の分からなさを説明するものではなかろうか。うむ、ええこと聞いたわい、というわけで本日はここまで。

二十九日　水曜

晴天、暖かい一日であった。昼過ぎに起床、昼夜逆転が治ったとヌカ喜びした自分が情けない。でも、暖かかったのだ。快適な睡眠条件だったのだ。それで昼間で目が覚めなかったのだ。

情けない。

睡眠不足はハゲるのだ。いや、言い訳は止そう。ヌカ喜びするより、下手な言い訳の方が余程情けない。

支度をして図書館へと向かう。例によって、あれこれと忙しくうろつきまわる。喫茶店で菓子パンを購入、喰う。腹ができてノンキな心持ちとなったためか、何となく本の検索に取りかかる。これまた何となくヤセンスキィを検索すると、一冊だけだが置いてあるではないか。『無関心な人々の共謀』貸し出し可能と出てきたのだ。これに興奮してブルガァコフを検索してみると、『犬の心臓』貸し出し可能と表示がある。この二人の翻訳を、自分は何年古本屋で探してきたことか。何だか腹が立つ。これまで図書館で小説を借りようなんど思わなかった自分のせいではあるけれども。さっそく司書のところへ駆け出し、書庫から出してもらう。うむ、本物だ。偽物の翻訳小説なるものが、この世に存在するかどうかは知らぬ。しかし、どうしたものか、これは本物だと変な感慨にふける。長いこと古本屋で探してきたせいで、脳の具合がおかしくなっていたらしい。良くあることである。ロクな品揃えのない古本屋で、長いこと探していたポプキンの『懐疑』を見つけたとき、それこそ「偽物じゃねえか」と懐疑したものだ。うむうむと感慨にふけって二冊の翻訳小説を眺めているうちに、夜もふけてきた。そろそろ閉館の時刻である。肝心の調べ物が手に着かないので、早々に下宿へ帰る。

とりあえず借り出した二冊を、「そのうち読むつもり」の書籍類に仲間入りさせた。翻訳小説なんどにガツガツするのはみっともないからである。ガツガツするのは喰う物ぐらいで宜しいと、缶詰を暖め、乾パン、蜂蜜、茹で卵を喰う。読み差しの『現代ソ連論』を開き、読み続ける。

読み続けると書いたものの、しばらくして、すぐ閉じている。何も翻訳小説のせいではなく、明日は早く起きねばならぬためである。無駄遣いをしてしまったからである。今日、図書館で金一一〇の飲み物を、及び金一二〇ばかりの菓子パンを購入した。近頃この手の無駄遣いが多く、自分の計画経済は破綻をきたしている。今日の無駄遣いによる一撃で、懐中は空といっても過言ではない。

明日は金策である。それ故、朝が早いから、本日はここまで。

二十九日　木曜

曇天。早朝に起床。そのまま金策のため外出する。くたびれる。無闇にくたびれる自分がイヤになってくる。夜もふけて、いろいろなことにウンザリしながら下宿に帰る。

豆、林檎を喰う。とりわけて豆をエラく大量に喰う。腹が減っているのは仕方がないけれども、これでは胃によろしくないだろう。堪え性のない自分に、ますます腹が立ってきた。腹立つついでに、少し堪え性のない奴の批判をする。

人間ができておらず、そのくせ堪え性もない奴は馬鹿な考えにふける。「こう見えても実は云々」と言う風にだ。「実は」以下は何でも宜しい。とりあえずエラそうな仕事の名前を続けるのが大抵だろう。実は形而上学を志しておったり、実は天下に思いをいたしておったり、実は美を求めておったりと、いろいろな「実は」がある。「実は」以下に続くエラそうな仕事の名は、堪え性のない奴が人生の目的としているものと考える。その点「実は」と言う奴でも、それなりに理想を持っていると言えよう。だが、理想を「実は」に続けて語る精神は愚かである。「実は」というくらいだから、堪え性のない奴自身も、己れと理想との距離が甚だしいことを知っている。知っているにもかかわらず、「実は」と言わざるを得ない精神は、歩けもしないのに走ろうと欲する愚かしさを示しているだろう。

そしてこの精神は、愚かであるばかりか卑小ですらあるのだ。理想としての仕事を、己れを良く見せようとして語る精神は卑小である。あらゆる仕事は人のために為される。己れが怠けることで誰か困る人が出てしまう、そうしたものが仕事なのだ。繰り返しになるが、堪え性のない奴は、己れと理想との距離が甚だしいから「実は」と語る。これはある意味で仕事を怠けていることだ。仕事に専念しておったら「実は」なんど言いはしないだろう。仕事をする能力が未だ足りないのに「実は」と言っているならば、努力を抜かして成果のみを得ようとするわけだから、これまた怠けていることに他ならぬ。仕事を怠けると困る人が出てくる。困る人がいるのに、堂々と「実は」と語る者、この者の精神は卑小だ。仕事の意味も、そして仕事の悦びも考えぬ精神は卑小だ。己を良く見せるための仕事、怠けてもできる仕事を欲する精神は卑小なのだ。

愚かで卑小な精神の持ち主が、理想とする仕事を為し得るかどうかは大いに疑わしい。「実は」と言うことで、実は何ものにもなれないと公言しているようなものだ。理想に近づきたかったら「実は」なんどと馬鹿なことは言わないことである。「実は」と言ってしまったら、己れが堪え性のない奴であり、理想に近づくには困難な性格を持っていると自覚しなければならぬ。自覚があれば、性格は矯め直すことが可能である。矯め直すのが嫌なら、理想を変えるだけのことだ。仕事はいろいろある。己れに向いてない仕事を努力抜きで成し遂げようと間抜けな願望を持つくらいなら、他の仕事を選んだ方が良いに決まっている。

もっとも、性格を矯め直すには、そして仕事を選ぶには、堪え性のない奴であると自覚することが必要である。そして自覚するほどの知恵があるなら、「実は」なんど言いはしないだろう。言葉で自覚したと言うことは容易い。今こうして書いているようにだ。自覚は決断と結びついてこそ、自覚であるのだ。

批判はこれまで。本日はここまで。

ブルゥノ＝ヤセンスキィ『無関心な人々の共謀』

三十日　金曜

曇天、しばしば雲が切れ、陽が差し込んでくる。朝に起床、うむと納得しながらケットを剥ぎ取る。薄暗い天気にもかかわらず、暖かい。過ごしやすそうな日だ。所用はこれといってなく、しかも朝に目覚めたから丸一日分の時間が自分にあった。本を読むのに向いた一日である。さっそく菊池昌典『現代ソ連論』の続きに取りかかる。読了。

後半の諸論文において協調されていることは、次の二点である。一つは、社会主義諸国家の実証的研究と、理念的な社会主義研究とがかみあっていないこと。今一つは、計画経済などに代表される合理的な生産と、自主管理などに代表される労働の民主化とは矛盾すること。この二点を通じて、菊池は社会主義を捉えようとする。

ソビエトを理念的な研究から弾劾するのは容易である。収容所群島の存するソビエト、労働者に勤労意欲のないソビエト、農地なんどの私的所有に目をつぶっているソビエト、これらをもって社会主義の理念に反すると批判はできる。そもそも十月革命が「『資本論』に反する革命」

であるというグラムシの指摘は、よく引用されるところだ。だが理念的批判は、主に十月革命以前の理論に基づいている。つまり、社会主義を目指す体制が成立していない時期に考えられた社会主義理論に基づいている。この種の理念的批判に泥むことは、現実に存する体制によって為された社会主義化への試行錯誤を、無視することに他ならない。この無視は、試行錯誤によって初めて理解できるもの、社会主義理論が固より抱えていた困難な問題を無視することでもあるのだ。

ソビエトのれきしを審らかに見ることで、菊池は「生産力第一主義」なるものを、ソビエト史の通奏低音として捉えていく。ソビエト成立以前の社会主義理論は、資本主義経済の不合理さを解消し、労働の民主化を果たすものとして社会主義を考えていた。ところが実際にソビエトが成立すると、不合理の解消と労働の民主化とは甚だしく矛盾することが明らかになる。不合理の解消のため計画経済を導入すれば、労働者の自主管理はできない。労働者の自主管理を導入すれば、計画をたてることは不可能になる。ソビエトはそこで計画経済を採るのであるが、ソビエトも社会主義を標榜している以上、労働の民主化を無視したわけではない。社会主義理論は生産様式の段階発展説に基づいている。国有化による社会主義的生産様式を整備し、その生産力を計画経済で向上させれば、発展法則に従って労働も民主化できると党の理論家たちは考えたのだ。タナボタとしか言いようのない考えに基づいて、ソビエトは只管生産力向上に努めることになる。

だが、このタナボタ理論は画餅に帰した。生産力の向上のために組織管理者と技術者の必要性が増すことで、労働の民主化からエラく離れた体制になり果てることになる。こうして菊池は、ソビエト成立以前の社会主義理論にある諸要素、段階発展説、経済の不合理解消、労働の民主化といって諸要素が現実に満たされるには如何に困難であるかをソビエトの実証的研究から明らかにしていく。

この菊池の作業によって、読み手は社会主義建設の困難さを知るだろう。また、ソビエト批判のある種の安易さも知るだろう。そしてこれ等を知ることが、社会主義という理想を現実にあらしめる為には不可欠であることをも知るだろう。

つまり、社会主義を現実にあらしめる為に、その理論と実践とが作用しあう歴史を捉えねばならぬ、こう菊池は主張しているのだ。自分は菊池に同意する。菊池は、歴史を事件の系列と見なさない、歴史を結果から解釈することもない。彼は歴史を過程において把握しようと努めている。その態度に自分は同意する。そして亦、社会主義を現実にあらしめようとする菊池の意志においても、自分は同意する。

あんどと考えておるうちに、いつの間にか夕方になっていた。まだ暖かく、菊池の本から受けた興奮も冷めていない。うむ、ここは一つヤセンスキィでいきますか。粛清された作家ヤセンスキィは狂信的なまでにマルクス主義を信じていたらしいから、菊池の本と一脈通ずるところがあるだろう。こう考えてブルゥノ＝ヤセンスキィ『無関心な人々の共謀』を開く。凄い。凄く面白い。

「敵を恐れるな……かれらは君を殺すのが関の山だ。
友を恐れるな……かれらは君を裏切るのが関の山だ。
無関心な人々を恐れよ……かれらは殺しも裏切りもしない。
だが彼らの沈黙の同意があればこそ、
地上には裏切りと殺戮が存在するのだ。

（ロベルト＝エベルハルト作『ピテカントロープ最後の皇帝』より）」

右は扉の言葉である。これで詰まらなかったら、余程どうかしている。ちなみにロベルト＝エベルハルトなる人物は、トイフェルスドレックやギルゴア＝トラウトの仲間である。要するに作中人物の著作から、扉の言葉を引用しているわけだ。

さて、小説の導入は、マルロゥの『希望』にある手法、出来事の広がりとイデオロギィの総意を強調する手法と同じである（「サルゥ」と「ノエバ＝エスパァニャ」が電話線を通じて交錯する『希望』の導入部は、スペイン全土に広がっている内戦とそのイデオロギィの対立を、堅苦しい説明抜きで強調するものだ）。マルロゥの手法は電話線なる小道具を使うあざとさがあって、自分は今一つ感心しなかった。小道具は目新しく、小説技巧としては面白かっただろう。けれども、電話による会話の断片を並べて出来事を示すのはともかく、会話している人間が丸で描かれていない。小説は人間を描くものだ。出来事をもって人間を説明するマルロゥは本末転倒していると自分は思う。それに対してヤセンスキィの導入は、同じ手法にもかかわらず人間が描かれている。導入部は、ある時点における世界各地の様子を述べることで、出来事の広がりとイデオロギィの相違を強調する。その様子を述べる際、ヤセンスキィは出来事と感情を見事に結びつけることで人間を描き得た。テロルと自己満足。自然災害と諦念。ストライキと危惧。出来事は感情と入り交じり、個々人の描写はなくとも、出来事のうちに人間のいることがハッキリ分かるのだ。エラく効果的で、これには感心した。

しかしヤセンスキィが凄いのは、マルロゥより効果的に手法を使い回した後、いきなりソビエトの一地方に起こった粛清を、日常的視点から書き出すところにある。ごくまっとうな党員たちの粛清をめぐって起こる、党員たちの友人や妻との対応と心理が、心憎いまでに日常的に描かれている。そしてこの粛清とナチス台頭とが結びつけられて、舞台はベルリン、パリへとどんどん広がっていく。これは大変な小説である。

ヤセンスキィ本人は三七年に粛清されてしまい、小説はさぁこれからというところで中断されている。この事実だけでもソビエトの粛清に無関心になるわけにはいかぬ。無関心は裏切りと殺戮を生むばかりではない、面白い小説を中断させることもできるのだ。無関心はその点でも許されないだろう。

さて、気が付くと蛇の生殺しみたような目にあっていた。尻切れトンボの小説を読み終わったのである。続きが読みたくてたまらないけれども、それは無理というものだ。うむ、コバめ絶対許さぬからな、と胡椒を効かせすぎる料理人への怒りがいや増しに増した。しかしコバその人にばかり怒っても仕方がないのは確かだ。矢張り、コバや無関心な人々を作り出す仕組みに怒らねばならぬ、とボンヤリ考える。

豆、豆腐、林檎、茹で卵、缶詰を暖めて喰う。イヤこれ等のものを喰ったはずと言った方がよいか、じつはよく覚えていないのだ。菊池とヤセンスキィのお陰だろう、いい時間を過ごしたものだ。うむ、今度はブルガァコフを読もう、というわけで本日はこれまで。

ブルガァコフ『犬の心臓』

三一日　土曜

晴天。終日暖かく、過ごしやすい日であった。昼前に起床。さっそくブルガァコフ『犬の心臓』を開く。読み始めたはいいのだけれども、翻訳小説ばかり読んでないでやることをチャンとやらにゃあ、という健全な危機意識がむらむら起こってきた。お陰で読書に身が入らない。どっちつかずは最悪である。そこで、図書館へ調べものに行くことになった。

例によってウロウロし、資料として使えそうなものを探し回る。本から本へと関連をたどっていくわけだが、たどりそこなったり目した本がなかったりして猛烈に腹を立てる。ついでに腹も空いてきて、菓子パンを購入して喰う。いろいろと忙しい。

忙しさは目的を忘れる最良の手段である。これという収穫もないまま閉館の時刻がせまってきた。収穫もないのに、なぜかやることたぁやったと満足して下宿へ向かう。帰ってから『犬の心臓』を再び開いた。読みながら、豆腐、茹で卵、缶詰を暖めて喰う。喰ったり読んだりとノンキにやっておつうちに、日付が変わっていた。それからしばらくして読了。読んだ以上、少し『犬の心臓』について書く。

ブルガァコフの翻訳は既にいくらか読んでいた。もっとも『白衛軍』『巨匠とマルガリータ』の二長編、短編は『運命の卵』ひとつきりという程度である。だがこの程度でも、自分をブルガァコフに惚れ込ませるには十分過ぎた。長編におけるブルガァコフの手法は面白く、しかもその手法を効果的に使う才能には目を見張るものがあった。ブルガァコフの長編では、時間が素直に流れないのだ。

コルク張りの部屋で仕事をしたウンザリするほど神経質なフランスの作家が、ウンザリするほど神経質な小説のなかで同じ手法を使っている。流れの速さが異なる諸時間を行きつ戻りつすることで、人間が経験する時間を絶対時間から意識的に解放しようとする手法である。

回想や時間の早送りならば大抵の小説が用いている。しかし、回想されている時間は現在と同じ様に流れることが前提とされており、時間の早送りは経済的にあら筋を語る手法に過ぎない。数秒間の出来事と数十年の出来事とを行きつ戻りつするような手法は、時間の流れを出来事に翻訳し、出来事間の関係を述べる。こうすることで速さの異なる複数の時間のを並列に語ることが可能になる。時間の流れにそって順次出来事が発生するといった態の手法よりも、この行きつ戻りつの手法の方が、実際に経験する時間に近い。経験のなかでは、出来事があるから時間を認識するのである。時間そのものを経験することが人間にはできないという理由があるからだ。したがって、小説のなかで流れる時間を現実に近づけようとする手法、作家がより人間的現実に迫ろうとする手法として行きつ戻りつの手法がある、と言えるだろう。

ただしフランスの作家は、順次発生する出来事にあたふたする主人公に力点を置きすぎ、ともするとただの回想と変わりがない形で行きつ戻りつの手法を使うことが多い。ブルガァコフはブルガァコフで、登場人物ごとに異なる時間を与えるという極端さのため、登場人物同士の関係を語るには曲芸が必要になっている。この曲芸がブルガァコフはべらぼうに上手いのだ。『巨匠とマルガリータ』から巨匠のピラト話しを抜いてみれば、ブルガァコフが如何に曲芸をしているか分かろうというものだ。ブルガァコフはピラト話の進行にあわせて各登場人物の時間を調整しているのである。こういう曲芸は、しようと思ってもできないことが大抵だ。その力量恐るべし、恐るべしブルガァコフ。

しかし短編、中編では曲芸する余地がないためか、自分には詰まらない。『運命の卵』も『犬の心臓』も詰まらなく思える。良策とも、ごく普通に、お約束どおりに話が進む。別にそれが悪いと言っているわけではない。ただ、お約束どおりなら、話の方を面白くしてくれねば困る。『犬の心臓』を読んでおって、ゆくりなくベリャアエフを思い出した。そして話としては『ドゥエル教授の首』の方がはるかに面白いのである。それにしても、恐るべき力量を持つ作家が詰まらぬ話を書くとは納得がいかぬ。ましてブルガァコフは寡作なのだから、書き散らしたなんどという理由はないはずだ。

そこで、自分はこう考える。短編、中編においてブルガァコフは風刺を中心に書いたのだと。水野忠夫氏の訳者解説と喰い違うけれども、『犬の心臓』は出来の悪い風刺小説であると考える。出来が悪いというのも、風刺はボルシェビズムを狙っておりながら、単にヨタ者批判に終わっているからである。ボルシェビキはヨタ者ではない。その正反対であるからこそ、彼らの振舞いが看過できないものとなるのだ。そしてボルシェビキを受け入れた人民もヨタ者ではない。ヨタ者でないから内戦でもボルシェビキの側に立ったのだ。風刺を通じて批判するならば、ボルシェビキは何故ああも真剣さを強調するのか真剣に考えることが必要だろう。若しブルガァコフがボルシェビズムを否定するあまり、真剣さまで否定したのだとしたら、もったいない限りである。

というところで今月はこれまで。

しもつきに記す

イワン＝アレクセエビッチ＝ブゥニン『アルセーニェフの青春』

朔日　日曜

曇天。雲の切れること多く、その度に陽が差し込んできて、終日暖かい。朝に起床。乾パン、チィズ、蜂蜜を喰う。休日なので大っぴらに翻訳小説を読み出す。イワン＝アレクセエビッチ＝ブゥニンの『アルセーニェフの青春』（高山旭訳　河出書房新社）が、その翻訳小説である。

ここしばらくヤセンスキィだのブルガァコフだのと、党の忌憚にふれたソビエト作家の翻訳小説を読んでいる。お陰で、小説にまで容喙するソビエトというものがますます興味深くなってきた。小説とは、ひっきょう作り話である。たかが作り話に目くじらをたてねばならぬ理由が奈辺にあるのか、それを知りたく思うのだ。理由を知るよすがとして、粛清された作家と亡命した作家、それぞれの作品を比較するのは面白かろう。こう考え、ソビエトを嫌って亡命した作家のなかから、翻訳が入手し易かったブゥニンを読むことに決める。

そこで昨日図書館から借り出してきた『アルセーニェフの青春』を読み始めたわけだが、困ったことに面白くない。頁を繰るうちに、帝政ロシアにおける地方地主の子弟の成長過程が、一人称を用いて無闇に感傷的に描かれていることが分かる。生まれ育った領地にある森や草花の想い出や、周りの人々が織りなすオブロゥモフ的情景なんどを、切々と一人称で唄いあげているのだ。こうして、いかにもロシア小説でござんすといった描写が次々と現れる。つまり二番煎じの寄せ集めというわけだ。こりゃ堪らぬ、勘弁してくれとブツブツ愚痴をこぼしながら半ばまで読み進んだけれども、昼頃には耐えきれなくなり一息つくことにした。午後には用事も入っているのである。

しかし、ブゥニンといえば亡命作家のなかでも知名度がエラく高い作家のくせに何だいこれは、と腹が立って仕方がない。腹を立てていては一息つくどころではないから、気晴らしのため下宿の掃除にとりかかる。腹の立ったときに掃除をすると何故か大変キレイになるので、一石二鳥を狙ったのである。目論見はあたり、下宿と自分の両方ともにさっぱりとした状態になっていた。ただ、だいぶん本格的にやったため、表に出る時刻がせまっている。あたふたと身支度し、所用を済ませに表に出た。

夜もふけてから下宿に帰る。缶詰を暖め、豆腐、茹で卵、豆を喰う。喰いながらブゥニンを開いていたのだが、矢張り腹が立ってきた。感傷的な貴族野郎のブゥニンに何かを期待した自分が馬鹿だった、反動的な文弱ここにありだ、無用者だ、亡命して正解だったぜこの貴族野郎め、と腹のなかで悪態をついているうちに、ゆくりなくレニンを思い出す。ニコライ＝バレンチノフの『知られざるレーニン』にあった、ある逸話を思い出したのだ。

ボルシェビキに属していた若き日のバレンチノフは、ロシア官憲のために亡命せざるを得なかった。当時のジュネェブには、同じく亡命していたレニンがいる。バレンチノフはそこで、レニンのいるジュネェブに向かうことになる。バレンチノフは政治活動を熱心に行いレニンの信頼を得ていくが、それと同時に陰鬱なジュネェブ郊外にうんざりし、故郷の美しさをしばしば思い出すようになってもいた。そこで、ふとレニンに故郷について話し始めたとき、同席していた者から痛烈な批判を喰らうことになる。その批判は次のようなものだ。まるで十六歳の女学生のように故郷の花や花の香りをうっとりとして語っているけれども、それは小作人を搾取して成立した幸福な地主子弟の感傷であり、この感傷に泥む者は活動から脱落して元の鞘におさまりかねない。このように批判されたバレンチノフを、何とレニンは擁護する。ここは引用しよう。

「サムサノフ（バレンチノフの党員名）が田舎の土地のライムや樺の並木道や花壇を好きだからといって、君は彼が封建的感傷におかされており、必ず小作人を搾取するにいたるであろうと決めつける。さて、それなら私自身はどうか。私もまた土地貴族の子息なのだ。何年も昔のことだが、私はいまだに田舎の地所での愉快な生活を忘れはしない。私は干し草の山によく寝っころがっていたことを楽しく思い出す。だがこの干し草の山は私が積みあげたものではない。また苺やきいちごをよく食べたものだ。これも私が植えたのではない。新鮮なミルクをよく飲んだが、このミルクも私がしぼったものではない。君がサムサノフについていったことからすると、このような思い出は革命家にふさわしくないと思っているのだろう。すると私もまた革命家とよばれるのに値しないと思わねばならないのだろうか」（『知られざるレーニン』門倉正美訳　風媒社　一七四・一七五頁）

レニンは他人に個人的な感情を見せたことがなかったから、右の言葉は実に驚くべきものだとバレンチノフは書いている。驚くべきものだというのは、レニンも亦、望郷の念を抱いていると自ら告白しているからである。こういった望郷の念は、バレンチノフの指摘するようにゲルツェンの著作のそこかしこにも現れている。ロシア人亡命者の望郷の念はどうやら物凄いものであるらしい。そのことを、バレンチノフの伝える右の逸話から推察ができる。

この逸話を思いだし、早計は禁物だと自戒する。ブゥニンは『アルセーニェフの青春』を亡命先で書いたのだ。そこでロシア人亡命者特有の、物凄い望郷の念を考慮に入れずに、ブゥニンを反動的な文弱と規定することは拙速に過ぎるだろう。未だ残り半分がある。とりあえず読もう。というわけで本日はここまで。

二日　月曜

曇天。エラく寒い。二度寝をしてしまった。恥ずかしいことと分かっているつもりなのだが、二度寝した事実に変わりはない。夜明け頃にケットを引っかぶって眠ったのはいいが、一時間ほどで目が覚める。どエラい寒さのためである。霜月に入ったせいか、明け方の寒さは最早ケット一枚では対抗できぬほどであった。目が覚めてしまった以上、仕方ないからケットからそおっと出てみる。寒い。厚着をしても、この寒さではやり切れぬ。そう判断してコタツを作ることにした。さっさと作り、出力を強めにして這入りこんだ。極楽である。頭だけコタツから出し、亀みたような格好で暖をとった。要するにコタツのなかで横になっていたのだ。横になって暖をとっておけば、眠くなるのが当たり前である。この眠気に抵抗するかわりに、睡眠不足はハゲるのだなんどと言い訳をしながら眠り込んでしまう。ハゲのどこが悪い、馬鹿め。

昼前に再び目が覚めた。自分の意志の弱さにウンザリしながら起床。乾パン、チィズ、蜂蜜を喰う。下宿で調べものを行う。

夕方になり、一息つく。缶詰を暖め、豆腐を喰う。腹ができたら調べものを再開しようと考えていたけれども、コタツの暖かさにウットリとしているうちに夜もふけてしまった。コタツについいて、らちもない考えにふけっていたせいである。

コタツは朝鮮にないらしい。東洋思想史家の古田博司氏が、朝鮮の学生を前にして日本の独自性を述べようとした逸話から、そう推察できる。学生たちが日本文化はすべて朝鮮から移植されたものだと主張するのに対して、古田氏は天皇制とコタツを日本独自のものとして挙げた。ところが、学生たちは天皇制も挑戦渡来のものとして斥けてしまい、かくして「私の『民族主義』を支えるものは、もはやコタツしか残されていなかった」(『東アジアの思想風景』岩波書店　六頁)

と古田氏は述懐することになる。民族意識に燃える朝鮮の学生たちも、さすがにコタツだけは日本固有のものと認めてくれたらしい。しかし朝鮮は日本の大部分よりも寒冷であるはずだ。にもかかわらずコタツがないとは、分からない話である。オンドルがあればコタツの必要はないかも知れぬ。だが、寒冷地帯の民族が皆、オンドルやペチカを作れるとは限るまい。冬のコタツは、貧しい独り者の友である。コタツがない寒冷地帯の貧しい独り者は、一体どうやって寒さを凌いでいるのだろう。分からない話だ。

そういえば堀田善衛がスペインに住んでおった頃の日記のどこだかに、コタツが出ていたことを思い出す。スペインの僻村で生活していた堀田が、例によってうろちょろしておるうちに、ある民家でコタツを見たのだ。そこの家人の寒さの凌ぎ方は、卓子の下に小型のストォブを置き、ケットを卓子にすっぱり掛けて中へ足を差し入れるというものだった。コタツだ、と堀田は思う。自分もそれはコタツだと思う。成程、ヨォロッパにコタツがあるとは聞いたことがない。だが、人の居るところコタツありと自分は密かに考える。確認はできないけれども、おそらく堀田の見た家は貧しかったのではないか。必要は発明の母である。伝統的な暖房としてのコタツがなくとも、貧しい者は冬の友を自ら作り出すだろう。朝鮮からスペインまで、寒冷地帯の貧しい独り者は、それがコタツと知らなくともコタツを作り、寒を凌いでいるだろう。

ただし、自分の考えには欠点がある。人の居るところコタツありとするならば、世界中でコタツが用いられているはずである。けれども、儲けるためなら何でもするここいら辺の商社が、コタツで儲けたとは寡聞にして知らぬ。また、伝統的な暖房としてコタツを持つ文化も、自分の知っている限りでは、ここいら辺にしかないようだ。ここいら辺にしかコタツが定着しない理由が、何かしらあると考えねばなるまい。コタツを用いるベネフィットより、用いるコストが大になる理由を、そこで考えるのだが、一つしか思い浮かばない。それは二度寝の危険ということである。

右の様な間の抜けた思いにふけっておるうちに、日付が変わっていた。明日、いや正確に言えば今日は祝日である。ブゥニンの翻訳小説でも読もうと、そこで考える。というわけで、本日はこれまで。

ドブロリュウボフ『オブロォモフ主義とは何か』

三日　火曜

晴天、昨日とうって変わって大変暖かい、むしろ暑い位の一日であった。朝に起床。コタツでゴロ寝しておったのだが、陽気のために汗をかいて目が覚める。暖かい日差しが部屋に満ちており、雰囲気は初秋のそれである。この雰囲気ではコタツが場違いに見えるので、さっそくコタツを解体して。缶詰、乾パン、チィズを喰う。

休日である。天気も良く、腹もできた。ここは一つ読み差しの翻訳小説でも読み終えちまうか、とブゥニンの『アルセーニェフの青春』を開く。読了。実に困る作品であった。困るというのも、自分には丸で面白くなかったからである。しかし、亡命ロシア作家のなかでは、ブゥニンの人気は高いのだ。そのブゥニンの代表作と呼ばれる作品の、いったいどこがおもしろいのか、とんと分からないから困るのである。

読後感としてあったのは、フォン＝コォレンのおらぬ『決闘』なんぞ詰まらねぇというものだった。ラエフスキイはチャンといる。『青春』の主人公は、徹頭徹尾ラエフスキイといってもいい位である。無闇に気位が高いから何事にも満足せず、そのくせ状況を変える努力はしない。努力をしないから当然ゆきづまるわけだが、そうなると逃げ出してしまう。少しばかりものを書き、エラく女に惚けるけれども、どちらも中途半端なまま悩みだし、ゆきづまる、『青春』の主人公とラエフスキイは、区別のつかぬ双生児である。ただし、ラエフスキイはこの持っていた「公共の事業」への関心だけは、主人公に欠けている。ラエフスキイはこの関心のために、無為な己れを認めざるを得なかった、己れをルゥジンと認めざるを得なかった。つまり、言ってみれば己れをルゥジンであると認めないラエフスキイが、『青春』の主人公なのである。『決闘』のラエフスキイは、己れがルゥジンであると吹聴しまくった。そのため「公共の事業」の実践を心掛けているフォン＝コォレンの不興を買い、しまいには決闘沙汰にまでいたることになる。己れをルゥジンと認めないラエフスキイである『青春』の主人公は、したがってフォン＝コォレンにあたる人物と出会わずに済む。お陰で、主人公の夜郎自大ぶりや怠惰を、話の終わりまで本人が痛切に自覚することはない。自覚しないばかりか、明らかに強まってゆく。例えば「公共の事業」に関心をよせる者の集まりに、ナロオドニキの兄に誘われて入ったた際、主人公は次のように言う。

「私には何と不似合いなグループだったろう！しかし他のどんなグループに加わることができたろうか？ほかのサークルとは何の関係もなかったし、そういうものを私はさがしもしなかった。ほかのサークルに入りたいという希望を克服したのは、たとえ私の入ったサークルに私にはふさわしくないものが沢山あったとしても、ほかのサークルにだって私にはふさわしくないものが沢山、いやもっと余計にあるだろう、たとえば商人や官吏と私との間にどんな共通点が一体あるというのだという感情と認識だった」（一四七頁）

夜郎自大と怠惰とが、お互い補いあい、強まっている。惚れた女とうまくいかない場合にも、同じことが見られる。

「多分私のいつに変わらぬ度はずれな鋭敏さにあきあきしたのだろう、彼女は家を出て友達や知人のところに行く口実を見つけはじめた」（一七九頁）

度はずれな鋭敏さを持っているなら、あきあきされる前にそれと気付いて、何とかしても良さそうなものだ。しかし主人公は何もしない。ただ、惚れた以上、女の関心を惹こうとは試みる。詩を暗唱したり、何と己れの少年時代にあった悲しい出来事を語ったりするのだ。当たり前であるが、案に相違して女は無関心である。そこで主人公はこう考える。

「私の話に心を動かされず悲しまないとしたら、一体何を見ているのか？」（一八九頁）

決して己れのやり方がマズいとは考えないのである。誰か忠告してやれよ、と思いはするが、主人公には友人が一人もいないから忠告はあり得ない。この作品は幼年期から青年期までの歳月を語るものであるが、その長い歳月において、主人公は友人をただの一人も作らないのだ。

結局ラエフスキイと同様に、駆け落ちみたような形で主人公と女は同棲を始める。そしてこれまたラエフスキイと同様に、女と険悪な関係になってくる。険悪な関係に主人公が手をつかねているうちに、女は逃げてしまった。その際の心境を主人公は、こう回想している。

「あの晩私がピストル自殺しなかった理由は、今日でなくて明日はどうせ死ぬんだと、かたく決心していたからだ、と思う」(二五三頁)

もちろん主人公は自殺しない。どこまでも夜郎自大で怠惰な男なのだ。かわりに女の方が、逃げる際にかかった肺炎で一週間ばかり後に死ぬことになる。その事実を主人公が知ることで小説は最後を迎えるのだが、女に対する罪の意識が一かけらもないまま、数十年たった今でも死んだ女に親しみを感ずると主人公が述懐することで小説は終わる。

『決闘』における夜郎自大で怠惰な男、ラエフスキイはオブロゥモフの子孫である。つまりオネェギンやルゥジンなんどの子孫でもある。そしてフォン=コォレンはシュトルツとオリガの子孫であり、タチャァナ、リィザなんどの子孫といってもいいだろう。ロシア小説の無用者は、彼ら自らを無用者と痛切に知らしめる人物との相克で、その悲劇性を持つ。もっともペチョゥリンやチャツキイには相克する相手がいないように見える。しかし相手がおらぬ場合でも、無用者は自ら無用者と示さざるを得ぬ状況に立たされる。ペチョウリンは、詰まらぬ決闘で死ななければならなかった。チャァツキイは己れのいる場所がないために馬車で逃げ出すしかなかった。無用者の悲劇は、無用者が己れを無用者であることを認めて成立する。無用者は、無用者であることに耐えられぬ健全な精神を持っているからである。では健全な精神の持ち主が何故に無用者となったのか、このような問いが無用人の悲劇から出てくるだろう。この問いがあるからこそ、無用人はロシア小説における最も重要な典型となったのだ。というのも、健全な精神が夜郎自大と怠惰とに陥ったのであるから、無用人が無用人である理由を正確に求めるわけにはいかないためである。つまり、夜郎自大と怠惰をはびこらせる生活がロシアにある、と考えることになるのだ。こうして無用人の悲劇は、ロシアとは何であるか考えることを読み手に強いる。若し、無用人が自らを無用人と認める悲劇がなければ、無用人はほんとうにイヤな奴にすぎず、読み手がロシアについて考えることもない。そして、ブゥニンの『アルセーニェフの青春』は、フォン＝コォレンのおらぬ『決闘』であり、己れをルゥジンと認めぬラエフスキイが出てくる『決闘』である。この作品では、無用人が自らを無用人と認める悲劇が存しないのだ。

いったいこの作品のどこが面白いのか、自分には丸で理解できぬ。ただ夜郎自大と怠惰とに泥んでいる男が、己れの過去をなめずるように回顧している話ではないか。破滅させてしまった女のことですら、反省一つせずに懐かしがっているだけなのだ。こんな無用人らしからぬ無用人の何が面白いのか、まったく分からない。

あんまり分からないので、何か糸口のなくもがなとドブロリュウボフ『オブロゥモフ主義とは何か』（金子幸彦訳　岩波文庫）を読み出す。そこで次のように述べてある箇所にぶつかった。

「オブローモフのタイプのなかに、またこのオブローモフ主義全体のなかに、われわれは単につよい才能の成功した創造物というより以上のものを見る。われわれはそのなかにロシアの生活の作品を、時代の象徴を見る。

（中略）

しかし時がたつにつれて、また社会が意識的な発達をとげるにつれて、このタイプもおのが形式を変え、生活に対して別様な態度をとるようになり、あたらしい意義をもつにいたった」（一八・一九頁）

成程、そう考えると『アルセーニェフの青春』の主人公は、ブゥニンが属した亡命ロシア社会のオブロゥモフにふさわしい。亡命者は、否が応でも無用者にされてしまう。それがイヤであるなら、ソビエト建設に加わるか、ソビエトと闘うかのどちらかしか選択肢はない。大戦後の疲弊したヨォロッパには、大量の亡命ロシア人が帰化する余地はほとんどなかったからである。しかしソビエト建設に加わる位なら亡命はしないだろう。残された選択はソビエトと闘うことだ。だが、主義こそ違え同胞に弓を引くのは耐えられぬ善良な者はどうするか。革命と内戦の混乱を厭うて亡命した羊のようなものはどうするか。現在のソビエトロシアについて考えることを避け、記憶の中で美化された帝政ロシアにしがみつく無用者になる他ない。こうした無用者が構成している亡命ロシア人社会のオブロゥモフは、自ら無用者と認めることができないだろう。それ故無用者の悲劇なんど起こり得ないだろう。現在のソビエトロシアを考えるかわりに、古き良きロシア小説にある典型の出来の悪い模倣に終始し、ただひたすら夜郎自大で怠惰だろう。『アルセーニェフの青春』は無用人社会の無用人小説として意義があったのだ。

と考えながら、缶詰を暖め、豆腐、茹で卵を喰う。そして今これを書いているわけだが、何だかくたびれてきた。本日はこれまで。

四日　水曜

曇天、風少しあり、昼に起床。朝に寝たから仕方がないとはいえ、昼夜逆転なんどオブロゥモフのやりそうなことでイヤだ。オブロゥモフはイヤなのだ。こうして昨晩の、というより今朝方の考えを引きずったまま起きる。缶詰、乾パン、チィズを喰う。しばらくドブロリュウボフについて考える。その後、所用のため外出する。

所用を済ませて下宿に向かう頃には、もう日付が変わりかけている。くたびれる一日であった。缶詰を暖め、豆腐、茹で卵、豆を喰う。顎を動かしながらドブロリュウボフを読み返す。自分が批判されているような気になって、だんだん恐ろしくなってきた。オブロゥモフ主義は、十九世紀ロシアだけの問題ではない。気まぐれは金さえあれば満たされ、個人を尊重しろと画一的に教えられる現在のここいら辺においても、オブロゥモフ主義は跋扈する。無関心と無性格とが跋扈する。無闇に高慢で、言い訳が上手く、怠惰をことととする人間を大量生産する社会。この社会を何とかしなければと口で言っているだけなら、これまた矢張りオブロゥモフ主義者だ。自らのオブロゥモフ主義を叩き出さない限り、健全な精神の持ち主は悲劇的状況にいたるだろう。悲劇は見ている分にはいいけれど、自ら演ずるのはイヤなものだ。イヤならオブロゥモフ主義を叩き出さねばならぬ。しかし、どうやって。こうドブロリュウボフを読みつつ考え、考えつつ読み返しておったら、朝を迎えていた。昼夜逆転は、これ確実となったのである。オブロゥモフ的生活なのである。もう寝よう。本日はこれまで。

菊池昌典『人間変革の論理と実験』

五日　木曜

曇天。これから冬に入ることを思わせる寒風が始終吹く。昼前に起床。乾パン、チィズを喰う。菊池昌典の『人間変革の論理と実験』（筑摩書房）を読み出す。当時進行中の文革の意味を捉えようとする菊池の試みは、歴史的視座を持つことで、刮目すべきものとなっている。

菊池の文革論は、共産中国の歴史とソビエト史との比較から、プロレタリアァト独裁というカギを見つけだす。中ソ論争から文革にいたるまで、共産中国の理論に共通しているものは、プロレタリアァト独裁下においても階級闘争が容易く解消されはしないと考えていることだ。共産中国とソビエトが共に依拠しているマルクス＝レニン主義では、プロレタリアァト独裁とは多数による少数の支配であり、プロレタリアァト独裁の社会はいまだに階級社会である。少数の所有階級が存在している限り、多数の無産階級は独裁を続ける必要があるためである。この独裁を続ける過程は、長期間にわたり、そして激しい闘争を伴うものと共産中国は見ている。というのも、所有の国有化によって所有階級を一掃したとしても、所有階級的意識は消えたわけではないからだ。ましてプロレタリア層が薄く、工業化の率が低い共産中国では、若し所有階級的意識と小ブルジョアの存在が結びつき、労働者に影響を与えるならば、社会主義制度は崩壊しかねない。そこで共産中国は、プロレタリアァト独裁における階級闘争を、意識の変革をめぐる闘争と考える。そこには当然、人間の意識の変革が容易いことでないという前提がある。

このような共産中国のプロレタリアァト独裁観に対し、ソビエトは異なる独裁観を持っていた。三六年のスタァリン憲法には、ソビエトは最早プロレタリアァト独裁の必要のない全人民国家となった、と書かれている。スタァリンにとって階級闘争とは、生産関係の変革で終わってしまうものなのだ。このスタァリンの考え方は、下部構造の変革によって容易く人間の意識は変わることを前提としている。菊池の『現代ソ連論』にも指摘されているように、ソビエトは生産第一主義をもって社会主義制度の実現をはかってきた。生産第一主義のプロレタリアァト独裁に関するイデオロギィ的現れが、先のスタァリンによる全人民国家宣言であると見ていいだろう。

こうしたプロレタリアァト独裁官の相違が中ソ論争を生み、そして共産中国に文革をもたらしたのだ、と菊池は言う。生産力第一主義は、生産力向上のために管理および技術エリィトを要請する。全人民国家には、エリィトが必要であるというわけだ。ただし、スタァリン憲法の精神によれば、生産関係は国有化されているからエリィトはエリィト意識を持つことはない、ということになる。それに対し、共産中国は意識の変革が困難であると考えているため、生産力向上のためのエリィトを危惧する。といっても、共産中国もまた生産力向上を無視するわけにはいかないから、管理および技術エリィトが出現せざるを得ない。そこで、生産力向上と同時に、何とか意識の変革も成し遂げようとしたのが文革であった、と考えることができる。共産中国は、プロレタリアァト独裁における階級闘争を意識の変革を中心に考えていた。その考えが、管理および技術エリィトをもたらす所謂「近代化」へ向けられた時、文革は起こったのだ。文革について、右のように菊池は述べる。その言うところは示唆に富み、方法は着実である。見事な文革の分析だと自分は考えた。とりわけて昨今の文革論、共産中国の論を含めた文革論が、権力闘争ばかりをことゝするのでウンザリしていた自分には、はなはだ納得のいく論であった。

半ばあたりで閉じて、金策のため表に出る。またぞろ不義理を重ねたあげく、図書館へ向かった。あれこれ調べたと、早々に下宿へ引き上げる。缶詰を暖め、豆腐、茹で卵、豆を喰う。腹ができたので、少し考え事をした。ドブロリュウボフについてである。これといってまとまった考えにならず困っているうちに夜もふけた。本日はこれまで。

六日　金曜

曇天。冬の寒さ。不義理を重ね続けるために、目覚ましを早朝に合わせておいた。起床後そのまま金策に出かける。表に出ると、道行く人が寒さのために首をすぼめて歩いている。生来のあまのじゃくのためか、そこで、むらむらと胸を張ってみたくなった。自分は「く」の字みたような姿勢で歩く重症の猫背であるけれども、周りが猫背になってみると、猫背が貧相に見えて仕方がないのだ。そこで堂々と胸を張って不義理を重ねてゆくことになる。

それなりに金策は上手くいった。要するにまた不義理を重ねたわけだ。重ねついでに外食をする。昼にシナ料理を喰う。もちろん自腹ではない。しばらくして喫茶店に入る。目の玉が飛び出そうな額を要求するその喫茶店でダァジリンを飲み、フィグ＝ブレッド、スコォンを喰う。もちろん自腹ではない。自腹ではないけれども、あれこれ喰って自分の腹はふくれた。そこで帰路につく際、諸般に入り用の品々を一気に購入しようと考える。一気に購入すれば大荷物になるのは自明である。大荷物をもって帰るのは、いささか面倒だ。しかし、買いだめておいた入り用の品々のほとんどが切れかかっているのである。腹がふくれていることだし必要でもあるのだから、ここは一つ頑張ろう、こう考えて繁華街へ向かう。

諸般に入り用の品々を買うつもりであったのに、どうしたわけか古本屋に入ってしまう。当然のことだが、鞄は重く、懐中は軽くなって古本屋を出る。馬鹿だ。入り用の品々が切れかかっているというのに、この態たらく。頭だけは切れることがないわけだ。

一旦、下宿に帰り、また表に出る。今度こそ買いだめである。懐中が空に近くなったけれども、入り用の品々はあらかた補充することができた。下宿に落ち着いたのは、夜もだいぶんふけてからである。とりあえず菊池の『人間変革の論理と実験』を開く。読みながら缶詰を暖め、豆腐、林檎を喰う。今日はかなりの量を喰っている。にもかかわらず、どうにもくたびれて仕方がない。そこで読書にも身が入らずにボンヤリとしていた。ボンヤリとドブロリュウボフについて考えていたのだが、何故か全く脈絡のない思いつきが出てくる。さっそく殴り書きをした。以下、その殴り書きを写す。

・主権国家の実質的切りくずしとして、企業が「主権」を行使する現実。例）国家内諸国家とでも言うべき、大企業による工場敷地内での「立法」。主権国家による企業の統制は、企業活動を活発化させる方向をとること（反トラスト、市場介入）。

・主権国家は、立法及びその維持を国家の名の下に果たす。しかし、主権国家概念が起った当初から、立法及びその維持は、諸利益間の調整を目指した利益享受者の代表同士による妥協と確約に基づいて為された。

・国家とは階級支配の機関であり、ある階級が他の階級を制圧する機関であると『共産党宣言』は言う。正しい。今現在においても正しい国家の捉え方だ。

・もちろん、こう問う者もいよう。今現在、われわれの周りに階級があるのか、階級支配があるのか、と。今現在の晩期資本主義社会においては、階級がよしあり得たにせよ、階級間移動が激しいため、明白な存在として認知されることはない。しかし、その階級移動は何によって為されるのかに注目することで、今現在の社会の仕組みを知ることができる。デプロマによるメリト＝システムがそれである。デプロマを必要とする集団はかっての階級ではない。組織のなかの人間、ホワイト＝カラァは階級のるつぼであるからだ。

・組織の集まり、つまりホワイト＝カラァ層は、階級支配のための国家を必要としない。その理由は、彼らが企業という機能組織の一員であるという点に存する。諸企業間の競争は、企業という機能組織の合理化をもたらす。企業の合理化とは、生産性向上のための徹底した分業を意味する。それ故、ホワイト＝カラァ層は組織内で専門分化した労働を行い、利益は組織全体が獲得したうちから分配される。つまり、ホワイト＝カラァ層にとっては、階級利益があるか否かにかかわらず、己れの属する企業利益が何よりも優先されるのだ。

例）国益と企業利益とが反する場合、ホワイト＝カラァ層は企業利益をとること。直接には国家の主権を無視する形で（つまり法に背く）、間接には国益と企業利益とを一致させるべく国家組織に働きかけ（ロビイスト活動など）、企業の立場を国家が遵守するような形で、企業利益は優先される。

・ひっきょう主権国家（ブルジョアジによるプロレタリアァト支配）は、ホワイト＝カラァ層の増大によって否定される。ホワイト＝カラァ層は生産性向上にともなって起こり、増大した。生産性向上、つまり生産の合理化は競争によって引きおこされるものであるから、主権国家がこの合理化を阻むならば、生き延びようとする企業は国家に背く。その際、企業人の大多数を占めるホワイト＝カラァ層は（もし企業人であることの保証が、従来の国民のそれと同等であるならば）異を唱えることがあるまい。

・自分の仕事には、ホワイト＝カラァ層を解放することも含まれている。激烈な競争、馬鹿馬鹿しいデプロマ、メリト＝システム。全ては生産性向上のためである。ホワイト＝カラァ層を解放することは、生産性向上から人間を解放することである。

右のように殴り書きをした。本日はこれまで。

七日　土曜

革命おめでとう。曇天。底冷えのする一日。冬宮に攻め込んだ赤衛兵はもっと寒い思いをしただろうから、天気に文句を言うことは控える。昼前に起床。さっそく「革命おめでとう」と誰に言うともなく言っておいた。お目出たいお祝いは、一人でいるときでもきちんと祝わねばならぬ。文明人の態度とは、そうしたものだ。

林檎、乾パン、チィズを喰う。喰いながら読み差しの『論理と実験』を開く。革命より半世紀後のソビエト、チェコに介入したソビエトを歴史的に分析した菊池の本を、今日のこの日に読むのは意義があるだろう。過ちに目をつぶるならば、同じ過ちを繰り返しかねない。過ちを弾劾するのみならば、何故誤ったのかが理解できない。八十一年前の革命が持っていた可能性に、今現在の問題意識から近づくためには、歴史という「過去との対話」が不可欠なのだ。この「過去との対話」によってこそ、八十一年前の可能性が、今現在のものとなるのだ。

一息つこうと本を閉じる。せっかくのお祝いなのだから鳴り物入りで祝いたく思ったからである。赤軍合唱団のイギリス公演を聞く。アレンジが大仰で不愉快だけれども、ロシア民謡の旋律は矢張り美しい。ポォリユゥシカ＝ポォレに到っては、聞いているこちらも興奮して、諸君に続くぞと口走ることになる。音楽は終わったが、興奮は冷めない。気を静めるために、そこで下宿の掃除にとりかかる。かなり丁寧に掃除機をかけたため大分時間がかかり、外出する時刻間近にようやく終わった。身支度もそこそこに表に出る。

外出ついでに献血をする。人の役に立つことで自分にできるものは、今のところこれくらいである。何か情けない。献血者に無料で供されるドォナツを頬張り、変に得した気分になったりして、とにかく情けない。

情けない情けないと愚痴をいっても仕方がないから、まぁ今に見ておれ、と考えながら下宿へ向かう。缶詰を暖め、豆腐、茹で卵を喰う。『論理と実験』読了。

後半部で特に注目すべきは、チェコ介入についてソビエトの市民がどう反応したのかを述べた辺りであろう。例えば、反体制的であるとされ、ラァゲリにブチ込まれたこともある労働者が、次のような公開状を党に送る。チェコにおける反動の危険性よりも、共産中国の理論的誤りの方がはるかに危険であるのに、何故チェコには介入して共産中国をほおっておくのか。労働者マルチェンコは、こう党に問いかけたのだ。どうもマルチェンコは、テロに満ちた共産中国という新聞の報道を真にうけ、共産中国に介入すべきだと本当に考えていたらしい。この公開状によって理解できることはこういうことだ。猛烈に批判していた文革さなかの共産中国とは事をおこさず、自国版スタァリン批判を行っただけのチェコには介入するソビエト当局は、理念ではなく国益に基づいて決定を下しているということ。そして、ソビエト当局と労働者マルチェンコとが共通して、ソビエトには他の社会主義諸国を指導する権利があると見なしていることである。独ソ不可侵条約とスペイン戦争での粛清とを、ここで想起しないわけにはいかない。そしてソビエト当局とソビエト市民とが、この二つの誤りから何も学んでいないと考えざるを得ない。ソビエトは、自身の歴史を見直そうとしないのだ。ソビエトの歴史を見直さない者は、革命を忘れる者である。革命を忘れている社会が、共産主義へと移行することは決してあり得ない。

革命を忘れないためにトロツキィ『レーニン』(竹内成明・松田道雄訳　河出書房新社)を、

これから再読するつもりである。繰り返しになるけれども、革命おめでとう。本日はこれまで。

トロツキィ『レーニン』

八日　日曜

晴天。昨日と異なり、エラく暖かい。こうも寒暖の差が激しいと、性能の悪い自分の体は具合を悪くしかねない。それなりの対策をとる必要がある。面倒でも、暖かい日はコタツを撤去すること、寒い日はやせ我慢しないこと。この二つすら行わないならば、自分はオブロゥモフ主義から抜けることができないだろう。こう考えながら昼に起床する。さっそくコタツを撤去し、薄着になる。林檎、乾パン、チィズを喰う。

トロツキィ『レーニン』を読む。五、六年前に読んだきりで、内容なんど覚えておらぬため、新鮮な印象とともに読み進む。冒頭のシンビリスクの描写からして、トロツキィが如何に文学という悪癖に泥んでおったかよく分かる。比喩が実に巧みであり、訳本にもかかわらず情景が目に見えるようだ。人物の描写も卓抜で、心理小説もかくやといった出来映えである。トロツキィの文学好きも困ったものだ。楽しみから、トロツキィ著作集を読みたくなってしまうではないか。それではマズい。楽しみで革命家の著作を読むのは、いささかマズいのだ。何故なら「わたしはヒネクレではない」からである。社会悪と対決する文章を楽しんで読むならば、ヒネクレと言われても仕方あるまい。革命家および彼から学ぶ者は、闘争を楽しんでいるわけではない、楽しいのは闘争によって目的に近づくことである。それ故、革命家のポレミックな論を楽しむことは本末転倒もいいところだろう。なんどと思いはするが、楽しみながら頁をめくってゆく。気が付いたら夜もふけており、そこで豆、缶詰を喰う。

さて、未だ途中であはあるけれども、この『レーニン』について言及したいこととして、次の論点がある。

それは、ロシア＝ジャコバン主義の伝統とマルクス主義とを、若きレニンは同時に学んでいたこと、レニンの革命思想にはロシア＝ジャコバン主義の要素が見られることをトロツキィが指摘している点である。昨今のソビエト研究で定説となっている、マルクス＝レニン主義とロシア＝ジャコバン主義との関係を、革命の立て役者であるトロツキィが指摘しているわけだ。例えば、次のように。

「ずっとのちにレーニンは、過去の革命的遺産を詳しく検討したとき、事実『人民の意志』党の遺産の幾分か、つまり帝政にたいする仮借なき闘争、中央集権主義、陰謀計画などを、受け

ついでいる」（一五五頁）

考えてみれば、何人もの論者が指摘しているから、わざわざ言及するにはあたらないかも知れぬ。もっとも、それ等の指摘は、レニンの個人的な資質にその原因を求め、よってもってレニンを批判するものが多い。だが、ロシア＝ジャコバン主義とマルクス＝レニン主義との結びつきをレニンの個人的資質のうちにのみ求める見解は誤っている。トロツキィの述べるところによって、誤っていることが分かるのだ。

「『人民の意志』党の思想に色どられたテロリスト（兄アレクサンドル）への彼（レニン）の共感は、知的成長期に回顧的な影を投げかけ、長い間存続し続けたが、しかしその根は、単に個人的な理由にのみあるのではなかった。ウラジミール（レニン）は、一つの世代全体、一つの時代全体とともに成長していたのである。労働解放団の初期の著作を、ウラジミールがすでに知っていたとしても、それは兄の旗のもとから去ることを、彼に強いるようなものではなかった。プレハーノフは、ロシアの資本主義的発展を展望しながらも、社会民主主義をまだ『人民の意志』党と対立させておらず、ただマルクス主義を受けいれるよう『人民の意志』党の支持者に要求していただけであった。その少し前には、労働解放団は、『人民の意志』党の亡命中の代表者と、具体的に連合するべく試みている。九〇年代のはじめに、戦闘的な理論家が二派にわかれて活動していた亡命地でさえ、そんな事情であったのだから、ロシアにおいては、『人民の意志』団の支持者と社会民主主義者との境界は、八〇年代の終わりには、なお非常に流動的であり、少しも明確になっていなかった」（一九四・一九五頁）

つまり若きレニンの周りにあった知的環境は、ロシア＝ジャコバン主義とマルクス主義とを明確に境界づけるものではなかったのだ。若きレニンは双方ともに学び、最後的にマルクス主義を選択した。この選択は、ロシア＝ジャコバン主義は誤っている、とレニンが判断したことに他ならない。実際レニンは、ロシア＝ジャコバン主義を信奉してきたナロゥドニキ達に対してその理論を駁し、一歩も譲るところはない。

にもかかわらず、ロシア＝ジャコバン主義とマルクス＝レニン主義とは、確かに関係がある、とトロツキィは指摘する。レニンと共にソビエトを守り育てたトロツキィがこう指摘するのだから、経験的に、かつ好意的に先の関係を捉えていると考えていいだろう。ただしトロツキィが好意的に見ているといっても、それは決して陰謀や中央集権的党への賛同というものではなかろう、と自分は考える。『我々の政治的課題』を著したトロツキィが、簡単に意見を覆して代行制とテロルとを容認すると考えるのは難しい。それ故、マルクス＝レニン主義とロシア＝ジャコバン主義との関係が、トロツキィにとっていかなるものであったのか把握に努めねばならない。そこで自分は、ロシア＝ジャコバン性からこの把握が可能ではないかと考えている。

先の関係を云々する論者のたいていは、ロシア＝ジャコバン主義のロシア性ばかりを強調している。曰く、ロシア的鉄の規律。曰く、ロシア的殉教者意識。曰く、ロシア的テロル志向。これでは、ソビエトを普遍的に語ることができぬ。人さまざまなといった生きざとりを述べているだけに過ぎぬ。しかし先進資本主義諸国でも、ロシア＝ジャコバン主義的な党が大戦後に次々とできるのだ。ロシア性を強調する先の論者たちは、ここでいきなりソビエトの威信とコミンテルンの資金に各国共産党成立の理由を見出す。革命思想における民族性を語っていた者が、一転して革命思想における民族性を否定するわけだ。ロシア＝ジャコバン主義を語るに、この説明では納得ができぬ。確かに、ロシア＝ジャコバン主義にはロシア固有の刻印が押されている。確かに、各国共産党はソビエトの威信とコミンテルンの資金に由来するところもある。だが、ロシア＝ジャコバン主義をもたらしたゲルツェンやチェルヌイシェフスキィの思想を、彼らの西欧的教養抜きに語るわけにはいかないだろう。そして、各国共産党も、それぞれの国家における労働者の欲求にかなうものでなければ、その成立があり得なかっただろう。つまりは、ロシア＝ジャコバン主義のロシア性ばかりを強調することは、共産主義運動の説明として片手落ちなのだ。

もちろん、片手落ちの論が出てきたことには、それなりの理由がある。ソビエト国家は、共産主義運動の普遍性を述べておきながら、一刻社会主義理論をその国柱としていた。この矛盾は、国益のために各国共産党を利用することで解消される。この解消方法は、スペインで人民戦線を内部から崩壊させ、シナで上海の虐殺を引き起こし、日本で党員を三二年テェゼに殉教させ、ドイツで無計画な蜂起を強制し、合州国で共産主義をアメリカニズムにまで貶めた。ソビエトの言う共産主義運動の普遍性が信用されなくなるのは当たり前である。そこでマルクス＝レニン主義とロシア＝ジャコバン主義との関係に思いをいたし、ロシア＝ジャコバン主義のロシア性を強調することは、ソビエト当局の欺瞞をつく一つの手段であった。だがこの欺瞞は、共産主義運動の普遍性と一国共産主義理論との矛盾より来たるものであったのだ。そこで、一国共産主義理論に手を着けずに共産主義運動の特殊ロシア性にばかり拘泥することは、ひっきょう一国社会主義理論（スタァリン体制）を暗黙のうちに認めることに他ならない。スタァリン体制下でエラい目にあっている人々を、ロシアだから仕方がないと見放すことに他ならない。さもなくば、資本主義を否定したのだから、自業自得であるといった資本主義礼さんがオチだろう。

そこで、ロシア＝ジャコバン主義のジャコバン性に注目しなければならないのだ。ジャコバン主義は啓蒙思想にもとづいている。この啓蒙主義には二つの側面があった。一つは、人間は固より自由で理性的な存在であると規定する側面。今一つは、その人間が自由でも理性的でもないことを説明するため、人間の自由と理性に被さっていた覆いが取り払われる過程として世界史を考える側面。この後者の側面をめぐってジャコバン主義が登場するのである。ジャコバン主義も亦、人間は固より自由で理性的な存在であると見なしていた。だが、今そうではない理由である覆い、さまざまな人間抑圧の制度が取り払われるには、懐手をしておっては駄目だと考える。世界史の進展に従って、自由と理性が顕現してゆくといった予定調和をジャコバン主義は採らない。ジャコバン主義は予定調和の代わりに、人間の主体的行動を求めた。

ロシア＝ジャコバン主義の本質は、この人間の主体的行動にある。ゲルツェンは四八年の革命を見、そこで懐疑に襲われる。労働者が闘っているのは自由と理性のためではなく、ブルジョア的生活を要求しているだけなのではないかと疑ったのだ。西ヨォロッパにおいて、世界史の流れは資本主義の方向へ向かっていると考えられていた。しかしゲルツェンにとっては、資本主義の方向は人間から自由と理性とを奪うものにしか思えない。人間の自由と理性とは、資本主義の主体的行動を持ち込む。人間の自由と理性とは、資本主義の方向ではなく、原始的な共産主義を体現しているロシア農村共同体の方向へと向かうことで果たされると考えたのだ。もちろん、ロシア農村共同体と専制主義との根強い関係を指摘することはたやすい。たやすいけれども、懐手をしておっては人間が自由と理性に到ることはないと考えたゲルツェン、世界史における人間の主体性を信じたゲルツェンそのものを否定することは困難だろう。人間には自由と理性とが備わっていないと考えるならば別であるが。

ロシア＝ジャコバン主義は、世界史における人間の主体性を信じた。マルクス＝レニン主義も亦、この伝統をくんで、世界史に人間の主体性を持ち込んだのだ。マルクス＝レニン主義がいわゆる「経済主義者」やメンシェビキと一線を画すのは、この主体性による。資本主義経済の進展は共産主義社会へと否応なく到ると考え懐手をしたり、先ずブルジョア革命が達成されなければプロレタリア革命はあり得ないと教条的に振舞ったりすることは、予定調和を信ずる者である。しかし、いつかくる予定調和のために、今現在苦しんでいる人々に我慢を強いる態度が耐えられない者は、マルクス＝レニン主義の下に立ち上がることになるだろう。こう考えることで初めて、次のトロツキィの一文が理解できる。

「レーニンの国際主義は、歴史的事件の実際的な評価であり、歴史的事件への実際的な介入である。そしてこの評価と介入は国際的なスケールをもち、国際的な目標を持っていた。ロシアとその運命は、この大いなる歴史的闘争のひとつのエレメントにすぎない。人類の運命はその上にかかっている。

レーニンの国際主義はいまさら強調の要はない。それと同時に、レーニン自身は高度にナショナルである。彼は新しいロシアの歴史に深く根をもち、歴史を自分のものとし、それにもっとも明確な表現を与える。こうして国際的行動と国際的影響の高みに到達する」（三七七頁）

トロツキィにとってロシア＝ジャコバン主義とマルクス＝レニン主義との関係は、個別から普遍へと理解される歴史、世界史の問題なのだ。レニン本人の意図が奈辺にあったのかは、いまのところ自分には分からない。けれどもトロツキィが最良のマルクス＝レニン主義者であることは、自分にもわかる。何とも規模の大きなレニン解釈ではないか。そして筋の通し方が、実に見事ではないか。こうしたトロツキィのような男を祖述者にできるレニンを、矢張りキチンと調べる必要がある。もっとも露語や独語の読解能力がそこで要請されるから、どエラく困難に決まっておって、今の自分の手に余るのだけれども。

うむ。本日はこれまで。

パンテレイモン＝ロマァノフ『同志キスリャコフ』

九日　月曜

晴天、ただし雲量多し。午後には曇天。昼過ぎに起床。目が覚めると、下宿には暖かい日差しが差し込んでおって、コタツを解体しろと強迫されている心持ちになる。強迫にしたがって解体し、豆、乾パン、チィズ、蜂蜜を喰う。喰っているあいだに、おもてが薄暗くなってきた。それだけならまだしも、薄ら寒くなってもきた。そこで、食後にさっそくコタツを作る。コタツに入り本を開こうとしたら、暖かい日差しが再び下宿に差し込んできた。再びコタツを解体しろと強迫されている心持ちになり、そこで解体を始めると、おもてが薄暗くなった。解体を止め、コタツを元に戻して本を開こうとする。すると、三度、暖かい日差しが下宿に差し込んできたではないか。やれやれコタツを如何にせn、と去就に迷っているうちに、ふと薄暗くなったことに気付く。うむ、と安心して本を読み出したはいいが、四度、暖かい日差しが下宿に差し込むことになる。

結局、コタツをそのままにして『レーニン』を読み続ける。どうやら読んでおるあいだに、空模様は安定したらしく、あたりは薄暗く、うすら寒い。こういう空模様のとき、コタツは素晴らしく心地よいものだ。だが、いい気になってコタツにあたりながら『レーニン』を読むのはいかがなものか。コタツにあたる革命家について、有島武郎が何か書いていたことを思い出す。

有島自身の階級、第三階級はひっきょう第四階級にはなれぬ。なれぬけれども第四階級に思いをいたし、助力したく思い、彼らこそ新しい社会の主役であると見なしているのも確かなのだ。そこで自分自身の階級を否認することになるのだが、矢張り第三階級の者は第四階級にはなれぬ、なった気でいるのはイイ気な者で、裏切りの心苦しさと第四階級の真の力強さを知らぬ者だ。では何を為すべきか。何もできない。コタツにあたる革命家みたいなものだ。こう有島は書いている。

自らの所有する広大な農場を小作人に開放した有島が、右のように書いているのだ。何だか空恐ろしいほど謙虚な男だ。言ってみれば、有島は殉教者や背教者を敬して遠ざけている。有島は、己れがパウロになれるとは考えはしない。そのような考えは傲慢だからだ。己れがユダになれるとも考えない。同じく傲慢な考えであるからだ。できることをやった後にただ取り残される詰まらぬ人間である、と有島は己れを規定する。その謙虚さは、読む者をして襟を正しめる。

ただ、どうしても引っかかるのは、有島が誰に向けて書いているのかということだ。帝国日本の第三階級は、その階級的自覚を持つことができなかった。後進国である帝国日本の近代産業は国家主導で行わざるを得ない。第三階級は国家によって作り出されたものであり、そのため国家を己れの道具とする意識はなかなか発達しない。そのような階級の人々に、有島が己れの意見を伝えても理解されることはないだろう。かといって第四階級に向けているのかといえば、そうでもなさそうだ。第四階級の人々に対して、これ以上何もする気はないねと宣言することに有島は耐えられまい。したがって、有島の『宣言』は、階級とは何であるかを知っており第四階級ではない者に向けて書かれたと考えられる。つまりは、インテリゲンツィアを相手に有島は書いたのだ。有島の謙虚さは、この点で危険である。帝国日本のインテリゲンツィアは、現実の生活とはかけ離れた知識ばかりを頭に詰め込んでいた。知識と現実との差が激しい者に誠実な諦念を語りかけることは、知識と現実とのコンフリクトから逃避させることになるだろう。どれほど有島がリゴリスティックなまでに謙虚でも、その謙虚さを口実に無為に泥む者を生み出すならば、危険な謙虚となるのだ。

コタツにあたる革命家、これはひっきょうコタツという現実と革命家という理想を無為という形で結びつけたものだ。これは革命家の態度ではない。革命家とは、コタツという現実からでも都合の悪いところを革命する態度を持つものである。有島が言うべきであったのは、コタツにあたる道学者であったのだ。

と考え考えして、コタツから動きを起こしてやろうと『レーニン』に集中してとりかかる。読了。その後、パンテレイモン＝ロマァノフの『同志キスリャコフ』（渋谷義久訳　草思社）を読み出す。缶詰を暖め、豆腐、茹で卵、豆、これ等を読みながら喰う。『キスリャコフ』は神経質な描写が続く一風変わったソビエト小説である。なかなか興味深いので、続きが読みたいから本日はこれまで。

松田道雄『革命と市民的自由』

十日　火曜

曇天。昼に起床。所用のない日であるからノンビリいこうと、さっそく翻訳小説にとりかかる。昨日に読み始めたロマァノフの『同志キスリャコフ』が、その翻訳小説である。平日に翻訳小説なんど読んでおって、オブロゥモフもかくやという怠けぶりである。そう自己批判をするのだけれども、どうにも勉強する気分が起らない。このままでは駄目だ、オブロォモフだと危機感をつのらせながら、翻訳小説をボンヤリ読み続ける。

読んでおったら腹が減ってきた。ザハァル、食事をもってこい。と言ってみるが、ザハァルがいるわけもないので自分で支度する。乾パン、チィズ、蜂蜜を喰う。腹ができたところで勉強にとりかかる目論見は「何だか気が向かぬ」ということで粉砕され、翻訳小説を読み続ける。読了。

『同志キスリャコフ』は良い小説であった。作者のパンテレィモン＝ロマァノフは三〇年にこの小説を著し、没収され、執筆停止を喰らい、三八年に為すところもなく死んだらしい。幸運な男である。ラァゲリ行きにならなかったのは僥倖としか言いようがない。というのも、『同志キスリャコフ』は良い小説だからである。

小説は別に反ソビエト的でも何でもない。ただ、三〇年前後のモスクワの世相を、一人のインテリゲンツィアを通して描かれているだけである。主人公のインテリゲンツィア、キスリャコフは四十男であり、人間が革命前に出来てしまっていた。ソビエトに反対する気はないが、個性を階級より重んずるというインテリゲンツィアの伝統から今一つソビエトに協力する気になれない、キスリャコフはそういった男であった。つまり、インテリゲンツィアであることに、自らの存在理由を求めていたのだ。だが、天職とまで考えた鉄道技師であった頃、革命をむかえて彼は次のように考える。

「しかし、革命の最初の一箇月間で、彼は、何だか自分の人格が色あせ、司令官から列兵に変化したように感じた。自分が侮辱されたような気がしたのである。

彼は、労働者の大軍と強制的に接触しなければならないこと、彼らのコントロール下に入り、ほとんど彼らに媚びさえ売らねばならないということを、恐怖なしには考えることができなかった。それにまた、もし彼が労働者階級と歩調を揃えていこうとすると、彼はまちがいなく壇上に立って、演説をぶたねばならないだろう。だが一度演説をぶてば……それは暴力への呼びかけを意味する。革命は国内戦をし、それにより、〈階級の区別なしに、万人に正義を〉というインテリゲンツィア・イデオロギーのすべての基礎原理を破壊したからである」

（一一九・一二〇頁）

そこでキスリャコフはどうしたか。鉄道技師を止め、インテリゲンツィアばかりで構成されている博物館職員となったのである。だが仕事に情熱がもてず、そのため女房には軽んぜられ、しかもインテリゲンツィアは博物館から解雇される事態がやって来た。

あれほど矜持としていたインテリゲンツィア性が生きていく上で障害となると、キスリャコフは次第にインテリゲンツィアに批判的となり、党員の館長に媚びへつらうことになる。こうしたキスリャコフの変貌を、あまりに細かい心理分析とともに述べているのがこの小説の内容であり、別に反ソビエト的内容ではない。かえってインテリゲンツィアの腰砕けぶりを批判した、親ソビエト的小説と言ってもよいくらいだ。にもかかわらず、ソビエト当局はこの小説を没収しロマァノフを執筆停止にしている。如何なる内容であれ、現実的に感ぜられる小説は、ソビエト当局によって禁止されるようである。その一つの例証が、この小説であるだろう。例えば、

「他の階級から虐待されていた間はそれほど感動を与え、美しかった一般大衆、プロレタリアートは、自身がこれらの階級を虐待し、最も本能的な形で自己の存在を示しはじめたとき、言い換えれば、脇襟のルバシカや長靴姿で全庁舎内を闊歩し、ポストを占めたとき、感動的であることや美しくあることを完全にやめてしまった」（一一八頁）

とキスリャコフの心理を述べているところなどは、実に現実的にインテリゲンツィアの嫌らしさを表している。この新ソビエト的小説を没収するのだから、現実的であるためにソビエト当局の忌憚にふれるのだとしか思えないのである。

良い小説とは、如何なるとっぴな状況であれ、その状況下における人間の振舞いが現実的に感ぜられるものを指す。キスリャコフの振舞いは、現実的だ。インテリゲンツィアの理想主義が、しばしば理想を語ることによって得る利益に基づくものであることを、喝破する点で現実的だ。とりわけてこの利益が、人から嫌われないこと、有力者に注目してもらうことであるとき、現実的だ。こういった現実的なインテリゲンツィアの諸性質を、キスリャコフは自己批判する。自己批判するけれども、改めることができない。こうしてキスリャコフの描写は、その現実性の頂点に達する。ソビエトにおける、オブロゥモフ主義の現実を、ロマァノフは扱っているのだ。

ソビエトがソビエトであるためには、自らのオブロゥモフ主義に常ならぬ要人をせねばならぬ。党員を部屋に閉じ込めて『オブロゥモフ』を何遍でも読ませてやりたい、と言ったのはレニンだった。このレニンの言葉にどエラくかなった『同志キスリャコフ』を没収し、筆者に執筆禁止を強制したソビエト当局は、実にオブロゥモフ主義的である。現実から目をそらし、こしらえた夢想からはみ出るものに怯えるオブロゥモフ、ソビエト当局はこういったオブロゥモフ主義に泥んでいるのだ。ただソビエト＝オブロゥモフ主義は、気に入らぬ現実に怯えるばかりでなく、怯えをもたらした現実を隠蔽する行動力があった。その点、ロマァノフは幸運である。よくぞラァゲリにブチ込まれなかったものだ。

さて、翻訳小説を読了してしまったので、缶詰を暖め、豆、豆腐、茹で卵を喰い、まともな本にとりかかる。松田道雄『革命と市民的自由』（筑摩書房）を開く。これは凄い本である。自分のオブロゥモフが徹底的に批判されている気がする。ラァゲリがあったらマッダは確実にブチ込まれるだろう。少なくとも、自分ならブチ込むね。まぁ、無茶を言うのはやめて、本日はこれまで。

アレクサンドル＝ジノビエフ『余計者の告白』

十一日　水曜

晴天。昼に起床。とるもとりあえず松田道雄『革命と市民的自由』を、昨夜の続きから読む。読了。物凄い心持ちがする。

すっくと立ち上がり、食事の支度をする。豆、乾パン、蜂蜜を喰って、図書館へ急ぐ。変にきりきり動いているのは、松田道雄のせいである。図書館でやっさもっさして、大急ぎで下宿に戻った。既に夜もふけている。とはいえ、何だか物凄い心持ちがおさまらず、すっくと立ち上がり、即席麻婆豆腐を作って喰った。腹もできたので、うむ、とそこで落ち着こうとしてみるが、駄目である。

とにかく『革命と市民的自由』は凄い本であった。ロシア＝ジャコバン主義とレニンとの関係、その関係の理由と時期。こうした事柄が見事に論じられており、どエラく啓発的である。かてて加えて、出口なしのデモクラシィ社会が、反体制勢力の好む暴力の由来であるとして、ソレルを用いながら腑分けしていく。これがまた、どエラく説得力がある。それだけならまだいいのだ。さらには、日本マルクス主義の性質を、ソビエト史と日本儒教史とをからめながら述べてもいるのだ。この思考の射程距離は、実に恐るべし。恐るべし松田道雄。それだけならまだいいのだ。こんなことも松田道雄は言うのである。

「マルクスのプロレタリアート独裁は『フランスにおける内乱』でいっているように階級独裁であるのだから、党独裁をやっているソ連の共産党のやり方に釈然としないものは、プロレタリアート独裁とは何かを、もっと執拗に問わねばならぬ。いまのソ連の共産党にも賛成しないし、代々木の共産党にもくみしないものは、そうかんたんに、違和感をトロツキーによってな

ぐさめてもらってはこまる」（一一五・一一六頁）
うむ、こまる。実にこまる。かんたんにトロツキィにすがっておった自分は、実にこまる。しかも翻訳にだ。
「私がべ平連の国際会議で発言して、ロシア語をまなべといったのは、トロツキーは原語でよまないとわからぬというような文学的な意味ではない。歴史的必然の証明として十月革命をもってこようというのなら、ロシア語をまなんで、ソ連共産党によって埋没されてしまった資料を発掘してからにしたほうがよいという意味である」（一九頁）
うむ、そうしたほうがよい。あのどエラくヘンテコなロシア語を、よろしくまなんで、資料を発掘すべし。しかし現代仮名遣いしか分からぬ自分が、あのヘンテコなロシア語をまなぶのか。何か物凄い心持ちになってきた。うむ、何とか勘弁してもらえないものか。
だが次の文章から分かるように、松田道雄が勘弁してくれる可能性はない。
「十月革命に成功した独裁権力の腐敗が、マルクス主義にあたえた破壊的な影響は、いま世界中にひろがっている。学生運動や組合闘争の分裂がそれだ。反体制の理論的支柱であったマルクス主義が統一の力を失ったのである。
中国に革命がおこって、そこに生まれた権力がおなじように独裁権力であり、それがマルクス・レーニン主義を自称しながら、ロシアの権力と、とるにたりない小さな島をめぐって武力闘争するまでに対立していることも、マルクス主義のかつてとなえた国際主義を危うくしている。
マルクス主義が今日ほどの機器をむかえたことはかつてない。自分をマルクス主義者であるとするものが、この危機にあたって何らかの自己表示をしないのは怠慢である」(一一五・一一六頁)
分かった。分かりましたよ。確かに、自分もマルクス主義者の末席を汚している以上は、自己表示をする必要がある。ただ自分の自己表示は、マルクス主義を危機に陥らせた原因について、マルクス主義の方法を用いて分析しようと目論んでいる。とりあえず、その分析の殴り書きがあるから、次に記す。

・先進資本主義諸国においては、ホワイト＝カラァ層が職業人口の過半を占めるに到った。この状況下の主立った現象として次の三点がある。
一) 生産力向上を目的とした合理性の徹底を求める企業
二) 生産力向上のための管理、技術エリトを再生産する必要の増大
三) デプロマによる能力選別
・右の二) と三) の現象は明らかに結びついている。しかし、選別する主体は企業であるの

に対し、デプロマを作り出す教育機関は何らかの形で主権国家によって運営されている。ここに、主権国家がホワイト＝カラァ社会においても消滅しない理由の一つがある。企業自ら教育し能力選別を行うならば、教育に投下した資本から回収される利潤は少ない。選別を行う以上、圧倒的多数の非エリトを排除することになるからだ。

・企業と主権国家との違いは、構成員の再生産が自然発生的であるか否かに求められる。主権国家の構成員は、少数の例外を除けば構成員同士の婚姻と出産によって再生産される。A国国民を両親にもった子供は、その大抵が自動的にA国国民とされる。だが企業は違う。A社につとめる親をもった子供が、自動的にA社社員となることは、少数の例外を除いてあり得ない。企業は、生産を行って利潤を獲得する機能を果たすために存在する。そして企業は、競争という圧力によって否応もなしに合理化が要請されてもいる。こういった機能集団としての諸条件から、必要とする構成員以外の人間を採る理由が、企業には存しない。それ故、教育及び非雇用者の統制を企業が行うこともない。そこで、教育及び非雇用者の統制をつかさどるものとして、主権国家が残されることになる。

・主権国家の存続と、企業の生産生向上は出口なしの社会を用意する。というのも、生産性向上のために管理、技術エリトと非エリトが分離されるさい、分離の現実と分離の感覚とが、同じように分離されているからである。分離は企業が行う。しかし、分離のために必要な能力選別は、主権国家の教育機関によって為される。分離に不満を感ずる者も、分離の基準が企業によって作られたものでないために、その不満を主権国家に持ち込まざるを得ない。だが不満を主権国家に持ち込んでも、解消されることはない。分離そのものは企業が行っている以上、分離がなくなることはあり得ないからである。そして分離がある限り、デプロマによる能力選別はなくなることもないのだ。

・エリトと非エリトとの分離、これに対する不満の解消は、分離の廃止ではなく、分離の現実と分離の感覚とを分離することで為される。分離は生産性向上のために行われるわけだが、向上した生産力によって作り出された商品は、消費されねば意味がない。その消費の主軸が、圧倒的多数の非エリトであることは明らかだ。生産性向上は、連続した消費によって維持ができる。そこで圧倒的多数の非エリトに、忙しく消費し続ける社会的役割が割り振られることになる。徹底した合理化が要請されるほど、生産性向上が求めれている先進資本主義諸国において、「仕事ばかりが人生ではない」と言う考えが、そこで利用されるのだ。

・雇用されない限り仕事があり得ない社会では、分離の現実に抵抗ができない。そこで非エリトがやむなく就くランク＝アンド＝ファイルの仕事は、徹底した専門分化に基づく反動行動ばかりである。この反動行動から逃れる方向が仕事にはない者、それが非エリトなのだ。逃れる方向は消費であり、その方向こそ非エリトに企業が求める態度である。そもそも「仕事ばかりが人生ではない」という考えが、生産性向上ばかりを求める社会で口にされることは矛盾している。その矛盾は、非エリトが消費を行うことで矛盾ではなくなり、こうして分離の現実と感覚とが分離されることになる。

さて、殴り書きしたとはいえ自己表示はした。右の殴り書きをそこらの紙に書いたあと、アレクサンドル＝ジノビエフの『余計者の告白』（西谷修・中沢信一訳　河出書房新社）を読み始める。戦前にスタァリン批判を行ってブチ込まれ、戦後七〇年代末に国外追放となった論理学者兼小説家のジノビエフが、八十年代末に著した回想録である。論理学者といってもソビエトの論理学者であるから、共産主義社会を律する客観法則を求めることがジノビエフの目論見であったらしい。こういうオッサンの回想録なのであるから、ロシア＝マルクス主義を考えるのによかろう。しかし量がある。如何にもロシア人の回想録といったところだ。うむ、本日はこれまで。

十二日　木曜

晴天。昼過ぎに起床。またぞろ昼夜逆転がぶり返してきたようだ。まぁ日の出まで起きているから仕方がないか、と言い訳してみるのだが、日の出まで起きていること自体がおかしいのである。静かな時間でないと集中ができないのだ、こう言い訳してみるけれども、ブルジョアのお嬢さんにでもなったつもりか、とかえって自分に腹が立ってきた。働く者は夜に寝るのである。夜に働いている者は、静かな時間云々なんど言う余裕のない者である。彼らに対し恥を知らねばならぬ。とはいえ、これを書いている今現在、日の出の時刻であるのだが。うむ、恥を知れ。

起床後、乾パン、豆、蜂蜜を喰う。喰いながらジノビエフ『余計者の告白』を読み出す。気が付くと、夜もふけていた。『告白』の内容に引き込まれ、覚え書きを作ったり、参照しようと他の本を開いたりしておるうちに、時間がたってしまったらしい。『告白』は量があるから、未だ半分が とこ残っている。ここで読みやめてサッサと寝るか、もう少し読み進めるか、ここが思案のしどころぞ、とブツブツ言いながら缶詰を暖め、豆腐を喰う。結局後者を選び、たいへんな時刻まで起きていることになった。

昼夜逆転を悪化させるぐらいだから『告白』はすこぶる面白い。ときおりハッとする箇所にぶつかり、これが自分の論の例証として使えるものが多いのだ。例えば、三〇年代のソビエト中等教育についてジノビエフが経験したことなどが、そうである。

「学校は大多数の子供たちに、家庭では得られないものを与えていた。一般に親たちの教育程度は低かった。彼らは自分たちより教養のある子供たちを眩しく見つめ、勉強することで子供が自分たちより高い社会階層に近づくことを期待していた。当時は社会のあらゆる分野で急速な昇進が可能だった。社会の階梯が誰もの手の届くところにあるように思われた。実際、中等教育を終えると誰もが上級の学校に進んだ。唯一の問題は自分の能力や好みに合った教育機関を選ぶことだった。あらゆる手段で将来における平等のイデオロギーを教え込もうとしても甲斐がなく、生徒の大多数は、学校に行けば社会の特権階層にまで出世することができると考えていた。労働者階級を社会の前衛だとして尊敬をこめて語りはしたが、素質のない者や街路に徹底的に毒された者たちを除いては、自分で労働者になろうとする者はほとんどいなかった。私たちの生活は、普遍的平等の理念（そんなものはほとんど誰も信じてはいなかった）のためというより、将来の出世の展望のために、いっそう楽しくおもしろくなっていた」（上巻一〇〇・一〇一頁）

昨日に述べたデプロマによる分離、そのソビエト版の創成期がここに描かれているのだ。ソビエトは主権国家と企業とを兼ねようとしていたことが、こうした箇所から分かる。そして、ソビエトの企業性は、次のような事態を教育にもたらす。

「戦後になってソ連の学校もずいぶんと様変わりした。中等教育のみならず高等教育でさえ特別なものではなくなり、教育施設の数も大幅に増えた。高等教育施設に入学するにも、単に中等学校の免状を持っているだけではだめになった。それと同時に教員の数も増えた。教師の職はもはや戦前のように敬意を抱かせるものではなくなり、天職という思いも生まなくなった。あまりできのよくない者たちだけが、それを職業として選んだ。家庭や社会全体の教育水準が上がった。以前では学校だけが教えていたことを、今や両親が教えるようになった。思想面では幻想というものがなくなった。社会的分化が顕著になったが、学校もその例外ではない。そこには教育システムがいくつものタイプの教育施設に分裂する現象が見られ、それに伴い、入学に必要とされる学力の程度にも差が生じた。そうして有名校というカテゴリーが出現した」(上巻 三〇八頁)

デプロマによる分離が「社会的分化が顕著になったが、学校もその例外ではない」と言う表現のうちに明らかに見られる。ソビエト国家の企業性は、資本主義の企業と差がないことがここから分かる。エリトと非エリトとを、生産性向上のために分離するのだ。分離の判断基準はデプロマであり、それ故、高学歴化が止まることはない。皆が皆、ホワイト＝カラァ層になってゆく社会では、能力選別はより高度のデプロマのうちに求められるからである。とはいえ、ソビエトは社会主義体制であるのだから、資本主義と同様にエリトが優遇されるものなのか、という疑問は起こる。エリトが優遇されなければ、高度なデプロマによって能力選別にかなおうとする欲求はあり得ないだろう。

優遇はあった。そのソビエト的理由を、ジノビエフはこう説明する。社会における労働が皆似たようなものであるならば、労働による成果の比較が可能になり、成果に応じて報酬を分配することができる。しかし、若し労働がさまざまなものであるならば、労働の成果を比較することはできぬ。資本主義諸国と同様に、ソビエトでも専門分化は進行し、社会における労働がさまざまに分化していた。そこで、労働報酬の唯一の基準は、現実の社会的地位ということにならざるを得ない。

「そしてその結果は、何百万人もの人々が社会的地位向上を目指すなりふりかまわぬ闘争である」」（下巻　八六・八七頁）

こうして、資本主義におけるデプロマ＝ディズィズが、ソビエトでも存在したことをジノビエフの描写から理解する。つまり、「全人民国家」ソビエトのホワイト＝カラァ化が理解できるのだ。

というところで、本日はこれまで。

十三日　金曜

曇天。昼に起床。コンデンスド＝ミルク、乾パン、豆を喰う。ジノビエフの『告白』を読み続ける。

夜にはいり、友人来訪。手ぶらじゃ何だからと、ファスト＝フゥド店のハンバァガァを五つも土産としてもってくる。彼に二個、自分は三個と分配して、共に喰う。久しぶりのハンバァガァであり。まだ暖かかったから、エラくうまく感ずる。うまくもあったし、腹もふくれた。そのためか、べらべらと自分ばかり喋り、日付が変わってしばらくしても喋り止むことがない。労働者である友人は、朝からの労働でくたびれている。自分は昼に起きている。その対比に気付かずに、イイ気になって労働者の解放について喋っておるのだから、自分は本当に馬鹿だ。

結局、すまないが眠くなってきた、ということで友人は帰っていった。うむ、自分は馬鹿も馬鹿、大馬鹿だ。労働者の出口なき状況に対して興味をわかせるどころか、逆のことをしてしまったようだ。意図を語るに急なあまり、意図そのものを損ねることになったのだ。

意図とはこういうものである。専門家なんど信じるな。彼らは悪い者じゃない。けれども、彼らの存在が人任せする癖を生む。大事なことにもかかわらず、他人に任せてしまうなら、奴隷と大して変わりがない。けっこう奴隷は楽である。何をするかは人が決め、パンと見世物をあてがわれ、責任がなく反省もなし、くよくよせずに生きてはいける。ただし奴隷は仕事がきつい。きつくなければ奴隷こそ、怠け者には天職だろう。自分の基準にしてみるが、怠けることは心地よい。おそらく誰でもそうだと思う。ただし、これまた自分を基準にすれば、怠けることも怠けてしまい、ときおり真面目になりもする。ひたすら怠け続けたり、ひたすら真面目であったりするのは、どうやら無理であるらしい。自分をもって人を測れば、ほとんどの者が無理だと思う。そこで自分は考える。あんまり楽しくなかろうと。しかし
　一旦奴隷になって、とつぜん止めたく思っても、そう簡単には止められぬ。
　仕事を他人に任せてしまい、遊んでおった者がいて、ある時急に仕事を返せと言ったとしよう。普通は返してもらえない。仕事をすれば得がある。今でなくともそのうちに得があるから、仕事はされる。仕事を任され、努力して、仕事をこなしてきた者が、努力の成果である得を見放すことなどありえない。仕事を返してしまうなら、努力した甲斐がないではないか。まして、他人に仕事を任せておいて、己れは楽しくやってきたのだ。こうした者が仕事を返せと言うことは、夜郎自大もいいところである。
　それ故、奴隷はマズいのだ。楽しくないし、つらいけれども奴隷になってはマズいのだ。専門家とみれば、すがりつく、こうした態度はマズいのだ。育児の専門家から葬式の専門家まで、ありとある専門家が今の世の中に満ちている。医者や弁護士、坊主といった古くからの専門家ときては、数も種類も増えている。こうした専門家たちの専門は人生のすべての問題にわたっているから、楽に生きたく思うのならば今ほど楽な時代はない。生きていくうえで何かあったら聞けばよい、人生に悩んでいるのは馬鹿みたようだ。けれども、奴隷になりたくないならば、悩んでいくしかないだろう。他人の己れの人生を任せてしまう態度から、離れることで悩むの

だ。自由は楽なものじゃない。楽しくないし、無闇につらい。とはいえ己れの人生を生きるつもりがあるならば、専門家なんど信ずるな。

こう言おうと意図していたのだが、専門家批判の専門家と思われてしまったようだ。さすがに自分がイヤになる。

友人が帰った後、再びジノビエフに取りかかる。日の出頃読了。『過去と思索』とまではいかないけれども、ところどころに散見できる思想や体験談なんどは、実に興味深い。ジノビエフはなかなか冴えた奴のようだ。文学的にはともかくも、ソルジェニィツィンよりは説得力を持つ意見がここにある。

何だかくたびれた。本日はこれまで。

亀山郁夫『破滅のマヤコフスキー』

十四日　土曜

晴天。とんでもない時刻に起床。これはどう考えてもジノビエフのせいである。決してグズグズと『告白』を読み続けた自分のせいではない。うむ。許すまじジノビエフ。

こう考えて安心立命し、缶詰、乾パンを喰う。腹ができたので、人を寝穢くさせたジノビエフについて調べてみようと沼野充義『スラブの真空』（自由国民社）を開く。八〇年代後半のロシア、東欧の文学を紹介しているこの本は、亡命ロシア作家も扱っている。だから、ジノビエフも当然載っておるだろうと考えたのだ。沼野の文章は読みやすく、内容はためになるものであった。そこで夢中になって読んでおるうちに、夜もふけ、気が付いたら読了していた。無名に近い若手作家からベテラン作家まで、縦横に沼野は語り、ついでに『静かなるドン』剽窃説や『イーゴリ公軍記』真偽説についても述べている。様々な知見を得ることができて、実にためになった。ためになったけれども、ジノビエフについては、どうしたわけか一言半句すらない。読みやすく、ためになるのに、何故かバッタもんつかまされたと真剣に腹を立てる。

もういい君は頼まん、と沼野の本を放り投げ、ジノビエフの『告白』について、自分の考えをまとめようとしたが、駄目である。腹が立って仕方がないのだ。成程、ジノビエフはスタァリンをある程度評価している。十七歳のとき、暗殺しようと試み、チェカに追われる身になったというのにだ。成程、ジノビエフはペレストロイカを弾劾している。民主主義と自由とを擁護してきた他の亡命ロシア作家が歓声を上げているにもかかわらず。成程、ジノビエフは共産主義が全世界を覆うと考えている。ジノビエフ本人は共産主義を嫌悪し、そのために国外追放の目にあっているのだが。はっきり言って、自分はジノビエフが何を考えているのかよく分からない。分からない上に、被害妄想と独断が鼻につくイヤなオッサンだと思っている。けれども、ジノビエフの受け入れにくい独断が、主権は国家でなく己れに帰属するという考えから発展してきたことぐらいは分かる。そしてこの考えは、国家と企業とのあいだで主権が揺れ動き、こうした状況を作り出したホワイト＝カラァ層が問題になっている現代において、おそろしく啓発的であるのだ。ジノビエフの言う共産主義はエリト支配の、共同主義は一元化された非エリトの、それぞれの分析にしか自分は読めぬ。そして、そう読んでみると、独断から豊かな思想が、被害妄想から論理の一貫性が現れてくるのである。ジノビエフは薄気味の悪いオッサンなのだ。あだかもカァル＝シュミットがそうであるように。このようなオッサンが無視され、詳しく知ることができないのだから腹が立って当たり前である。

腹を立てたまま、風呂屋へ行く。深夜であるけれども、ここいら辺は融通が効く。明日は恐らく家族に会う。風呂ぐらい入っておかねばまずいと、腹を立てながら健全に判断したのだ。共産主義的二重思考。

まだぷりぷりしながら下宿へ帰る。日付はすでに変わっているが、とても横になる気分ではない。しかも、遅く起きたから寝付くのは難しい。どちらもジノビエフのせいである。気分を変えてやろうと、そこで亀山郁夫『破滅のマヤコフスキー』（筑摩書房）を読み出す。いささか取り付きにくい内容で、集中しないと読めない本であったため、腹を立てるどころではなくなった。取り付きにくいというのも、詩の分析を中心に話が進んでゆくからである。詩の分析は、分析に先立って引用される詩の文言に基づいている。この引用されている詩を適当に読んだら、分析の良し悪しが分からなくなる。それ故、断片の詩を集中して読む羽目になるのだ。とはいえ、詩はなかなか面白く、亀山氏の分析も納得のいくものである。悪くない本だ。もっとも、もう良いオッサンは寝る時間である。本の残りは明日読もう。本日はこれまで。

十五日　日曜

晴天。上天気、あたたかい一日。昼すぎに起きる。昼夜逆転がふたたび酷くなっているようだ。今日はジノビエフのせいにできないから、いささか困る。おそらく自分のせいなのだろう。困ったことである。

自分自身に罰をあたえることはできる。しばしばそれを実践し、悪しき習慣の幾つかを、矯正できたこともある。ただし罰するためには、ある習慣を悪しきものと見なすもう一人の自分が要請される。そして罰そのものを一つの習慣として行う、もう一人の自分も要請される。要するに、悪しき習慣を正すためには複数の自分が必要なのだ。しかし、睡眠中の自分は、こうした複数の自分とも違う自分である。睡眠中の自分は複数なのか単数なのか判断できぬ何ものかであるからだ。この何ものかである睡眠中の自分を、如何に矯め直していくべきか。困ったことである。

機械に頼るのも一つの方法だろう。だが、習慣の問題を機会に頼るのはあまり好きではない。罰するものが自分ではなく機械であるなら、罰を罰として認めることが難しくなる。罰する自分と罰される自分とのコンフリクトが、罰の意味を作り出すからである。秩序をあたえる側とあたえられる側との衝突は、秩序の意味を明確にする。例えば、毎日ほうれん草を喰うという秩序をあたえようと決めた自分がいたとする。そして、ほうれん草を喰わぬ習慣を持つ自分もいるとしよう。ある日ほうれん草を喰わぬことになり、さっそく自分に罰をあたえる羽目になる。罰はつらい。そのつらさにつけ込んで、秩序を破った自分は、罰しようとする自分に問いかける。ほうれん草ぐらいで何故つらい目にあわねばならぬのか、と。罰しようとする自分がこの問いにキチンと答えなければ、つらさから逃れたいという当たり前の欲望に負けてしまう。罰のつらさから来る問いかけと答えのやりとりは、秩序の意味を明確にしてゆくだろう。罰を機械に任せることは、このやりとりを止めることだ。これでは秩序の意味があいまいになってしまう。機械に頼らず昼夜逆転を正したい、と判断するのはこうしたわけによる。しかし、機械に頼らないとなると、いったいどうやって昼夜逆転を矯め直すべきか分からない。困ったことである。早く寝るべきなのだろうか。

こうグズグズ屁理屈をこねて言い訳のかわりにし、コンデンスド＝ミルク、乾パンを喰う。亀山『破滅のマヤコフスキー』の続きを読みだす。いくらか読んだ後、本を閉じ、あたふたと身支度を始めた。家族に会うことになっているからである。

祖父母の家に向かい、祖父母と両親に会う。皆、元気そうに見える。そのように見たいという自分の先入観が、まじっているやも知れぬ。若しかすると、人前で具合の悪いのを言挙げしないだけかもしれぬ。だが言挙げしない態度であるならば、そこでも自分はいささか安んずることができるのだ。というのも、自尊心は、精神の健康を現わすからである。

病的な自尊心という言葉があるけれども、自尊心と病気とは本来的に結びつかない。病的な自尊心と呼ばれるものは、実際はただの自己愛が肥大したものに過ぎぬ。自尊心とは、他人への配慮を誇りにする感情なのだ。それ故、他人がいなければ自尊心もありえない。自己と他人との関係に基づく感情であるのだ。社会的な感情、これを精神の健康と呼ばずに何と呼ぶのか。

こうグズグズ考えながら、あれこれ喰い散らし、酒を飲み、いい気になってオダを挙げた。こんなところでオダを挙げてないで、批判的なところでキチンと論じてみろ、と親が言う。なかなか説得力のある意見。

重い腰を上げ、夜もふけてから下宿に帰る。ふたたび『破滅のマヤコフスキー』を開く。読了。面白いところもあるけれども、全体として散漫な印象をあたえる本である。そして著者の亀山氏に対する印象も散漫なものであった。というのも、序文と結語における一人称使用をどうして本文全体にも適用しなかったのか、その了見が分からないからである。

本文は、晩年のマヤコフスキーに降りかかる様々な事件を扱っている。その扱い方は、事件の資料の紹介と、マヤコフスキーが自殺に到る精神状況とを並列に語る方法に基づいている。これでは散漫としか言いようがない。というのも、資料から精神状況を説明することと、精神状況を仮定して資料の取捨選択を行うこととの区別が、判然としないからである。この散漫を防ぐには、一人称で間をつなぐ手法があるのだが、亀山氏は本文でそれを用いることがない。一人称手法を用いないということは、亀山氏が散漫をそれと認められぬ不注意な書き手であるか、散漫を覚悟の上で一人称を排除する理由があったのか、この二つしか考えられない。だが、どちらとも決めかねる。決める根拠を本の内容から見つけることができないのだ。不注意な書き手であるならば、納得のゆく詩の分析を述べることはできないだろう。だが亀山氏は、見事な分析を述べることができる。一人称を排除する理由があるのなら、序文と結語で一人称を用いたことを説明しなければならないだろう。だが亀山氏は、その説明をしておらない。どちらとも決めかねるというのも、こうした亀山氏の曖昧さがあるからである。

さて自分としてはこう思う。散漫な印象が、本とその著者に共通しているのは面白くはあるけれど、もすこし歯切れ良くできないものか、と思うのだ。何せ相手はマヤコフスキーなのだから。マヤコフスキーの訳詩は、読めば元気が出てくるものだ。自分を元気づけてくれるマヤコフスキー、そのマヤコフスキーを元気よく語ってもらいたいと思うのだ。マヤコフスキーの破滅を元気よく語ってもらいたいと思うのだ。

ところで、結語の方に興味をひくところがあった。マヤコフスキー博物館の女館員との会話から、現在のロシアを浮き彫りにしているところがあるのだ。

「マヤコフスキーに限らず、謀殺説がなぜこれほどもてはやされるのか。そこには一つ、大きな背景があるの。それはね、反ユダヤ主義。あの人たちは、リーリャ・ブリークとオーシプ・ブリークには嫌悪感に近い感情をもっているのよ。なぜかというと、彼らはユダヤ人だから。アグラーノフだってそうよ。要するに、マヤコフスキーをユダヤ人たちの手から奪い返して、彼を復権させたい一心なのね。そこに隠されている意図というのはね、革命にしろ、社会主義にしろ、どれもこれもユダヤ人が作り上げた代物で、マヤコフスキーはだれよりもその被害者だって言いたいわけ」(三二五頁)

この女館員のことばは、『ジーポフの冒険』を著したブラァト＝オクジャワのことばと響き合う。一九八九年、来日したオクジャワは、ワシィリイ＝グロスマンの作品と、その作品への民族主義者の攻撃について次のように語る。

「すばらしい小説ですよ。ロシア文学の誇りと言ってもいい。民族主義者たちのやっていることは、実際失礼なことだ。劣等感から来ていることなんだと思います。自分たちが成功しないものだから、神経をとがらせているんです。ショービストというのは、頭にくると敵を探すものなんです。その第一の目的がユダヤ人というわけです」（沼野充義『スラブの真空』自由国民社　一一四頁）

どうやら、現代のロシア文学界では、反ユダヤ主義が大流行らしい。社会主義を拒絶して反ユダヤ主義になったり、社会主義擁護のために反ユダヤ主義になったりして、とにかくユダヤ人が悪いと考える者が多いらしい。

反ユダヤ主義を「愚か者の社会主義」とペェベルは見事に定義した。その伝でいけば、社会主義を拒絶するためだろうが擁護するためだろうが、反ユダヤ主義を唱える者は社会主義である。ただし愚か者の。

現在のロシア文学界に愚か者が多くいてもおかしくはない。愚か者はどこの国の文学界にもゴマンといる。だが、文学界の愚か者が社会主義を必要とするのは、現在のロシアぐらいだろう。社会主義を止めたロシアにおいて、何故か社会主義（ただし愚か者の）を求める者がいる。こうしたことが先の二つの引用から分かるのだ。ポグロム（ユダヤ人虐殺）と闘ったソビエトを止め、ポグロムを行うソビエトを求める。この心理は、コスモポリタニズムの陰謀を主張した末期スタァリン体制から一歩も出るものではない。こうした民族意識の問題は「ソ連の解体にともなって、実質的にロシア人が支配していた帝国が崩れ、政治的に言えばロシア人は現在守勢にまわっている」(『スラブの真空』二八頁)ことから来る、ロシア人の危機感に由来するだろう。だが、この危機感の他に、ロシア人の精神に根強く染みついていたスタァリニズムにも由来していることを考える必要がある。スタァリニズムとは如何なる社会主義だったのか、これを考えねばならぬのだ。

もちろん、スタァリニズムはスタァリン一人のものではない。スタァリニズムを受け入れた人々があって、はじめてスタァリニズムは成立する。宗教的な狂信と、それからくる異端審問。これ等を受け入れるとはどういうことか。また、狂信と異端審問は党を中心に行われた。この党を作ったのはレニンである。その意味で、レニンはスタァリニズムと無関係どころか、レニンこそスタァリニズムを用意したのかも知れぬ。しかし、レニンが健在であった頃は、党内の反対派が粛清されることはなかった。また、一国社会主義をレニンが主張したこともなかった。スタァリニズムにおいて頂点に達した党代行制、レニンとスタァリンは、共にその必要を強く主張する。にもかかわらず、党代行制の現場的運用と、その理念にかんしては二人の間で大いに違う。これはどういうことか。こうしたことを考えに入れねば、現在のロシアが抱える諸問題、スタァリニズムの心理的遺制について語ることは難しいだろう。

難しいことを簡単にすることは、できなくもない。曰く、社会主義は悪であった、ロシアの人民は騙されたのだ。曰く、スタァリンはレニンを裏切った、ロシアの人民はこの裏切りに気付かなかったのだ。曰く、騙され、裏切られたロシアの人民は、今でも反ユダヤ主義という形でかつての誤りを引きずっているのだ、云々。こういった論調は、実に平明だ。分かり易い。しかし、こういった論調には、人民を正しく指導しなければならないという考えが含まれている。つまり、代行制が含まれているのだ。難しいというのも、代行制を避けながら代行制を批判することが要請されるからである。その難しい批判のために、代行制とは何かを先ず考察しなければないだろう。スタァリンの代行制ばかりではない。レニンの、マルクスの、サン＝シモンの、しまいにはプラトンの代行制にまで批判は進むかも知れぬ。だが、底なし沼のような代行制の歴史を射程に入れない限り、代行制による代行制批判というワナにかかってしまう、と自分は考える。また代行制一般から特殊スタァリン的代行制が出てきたのは何故か、それにこたえるためには、ロシアの歴史を射程に入れる必要があるだろう。けっきょくのところ、とにかく歴史を学ばねばならぬのだ。過去との対話のうちに、能動的な対話のうちに問題が見えてくる。カテキズムを復唱するような問題意識、受動的な歴史把握では、思考の代行制というワナが待っているのである。

というところで、本日はこれまで。

ルイス＝フィッシャア『レーニン』

十六日　月曜日

晴天、夕方より雲りだし、ときおり降雨。昼過ぎに起床。まいった。昼夜逆転対策として、今日は早く寝ようと考える。しかし、まいった。昼夜逆転はマズいと判断しているのに、何たる意志の弱さか。こうなったら、自分に罰をあたえるしかない。下宿を掃除させるのだ。

起きて早々、下宿の掃除を命ぜられた自分は、ホコリを拭うことから始めた。部屋のホコリをあらかた拭い、そのあと丁寧に掃除機をかける。みるみる部屋がキレイになってゆき、お陰で機嫌も良くなってくる。鼻歌まじりに細口の吸引管を振り回し、部屋の角をキレイにしている際、これでは罰にならないことに気が付いた。仕方がない、食事の支度でも罰がわりに命じよう、こう判断して掃除機を片づけ、棚を覗く。考えてみれば、買い置きをほとんど喰いつくしていたのだった。乾パンしかない。食事の支度なんど夢のような話である。結局、乾パンを喰う。腹ができたら罰のことはスッカリ忘れてしまい、かわりに用事があったことを思い出した。あわてて外出する。

所用を済ませ、下宿に帰る。もう夜もふけている。とりあえず、購入した冷肉、黒パンを喰う。

昨日に両親から金を渡されており、そこで早速ゼイタクをしているわけだ。三十近くになって、いったい自分は何をしているのだろう。

早く寝るつもりであったが、自分のオブロゥモフ性にウンザリして、気合を入れようと本に手を伸ばしてしまう。ルイス＝フィッシャアの『レーニン』(猪木正道・近藤栄一訳　筑摩書房)を読み出す。読み進めてゆくうちに、トロツキィの凄さが分かってきた。別にフィッシャアがトロツキィを凄いと言っているわけではない。ただ、トロツキィの著したレニン伝と比べることで理解したのだ。そして、その理解からトロツキィの凄さを感ずることになったのだ。

フィッシャアの労作も、確かによく書けている。未だ読み始めたばかりだが、客観的であろうとする態度が明らかに伝わってくる。その客観的であろうとする態度は、間違えたことのない全知の人レニンといった党公認のレニン像ではなく、凶暴な過激派の頭目レニンといった間抜けな反共のレニン像でもない、人間としてのレニン像を求めることになる。その求めたレニン像は、幼年期に限って言えば、トロツキィの提示したレニン像と同じであった。まず、この同じであることに驚かされた。

合州国国民フィッシャア氏はさまざまな資料を手に入れる便があったろう。原著は六四年に出されており、その頃にはスタァリンの歴史偽造は明らかになってもいたからだ。それに対し、トロツキィは査証なき旅行者の立場でレニン伝を著した。それもスタァリン時代の最中、トロツキストといえば人民の敵であった頃のことである。にもかかわらず、フィッシャアとトロツキィは、その述べるところのレニン像において一致している。しかも、トロツキィの方がより生き生きしたレニン像を示すことに成功しているのだ。

トロツキィのレニン伝が生き生きとした形象を読み手にあたえる理由は、おそらく伝記のもつ性質によるだろう。その性質とは、歴史と小説文学とが相並んだものとしての性質である。歴史と小説文学は、伝記という形式を共有する。歴史上の特定の人物への興味、これが伝記を作り上げるのだ。歴史上の人物である以上、対象人物がいた歴史を客観的に把握しようとしなければ、伝記は単なる物語で終わる。また、特定の人物である以上、人間性の典型の一つとして対象人物を描かないならば、伝記である必要はなく略歴で十分である。伝記には、歴史の客観的把握への試みと、人間性の典型を表現しようとする試みとが必要である。トロツキィは、この二つの試みを行うに長けていたのだ。

歴史の客観的把握をトロツキィが試みることは当たり前である。彼はマルクス主義者なのだから。しかし、人間性の典型を表現しようとする試みは、書き手の主観的な欲求に基づく。テレンティウス風の「人間的なものは全て、わたしにとって無縁ではない」という考えは、「わたし」を欠く限り意味がない。つまり人間性そのものと対置される強烈な個性が、典型を表現しようとする試みには不可欠であるのだ。トロツキィにはこの強烈な個性があった。もちろんレニンやプレハァノフも、強烈な個性の持ち主ではあったろう。けれども、人間性そのものと向かいあう性向が彼らの個性の中心にあったとは考えにくい。彼らは組織を作る個性の持ち主であった。組織とは、機能集団の謂であり、人間性そのものと向かいあっていたら組織を作ることはできない。

トロツキィはズバ抜けた革命家であり有能な行政家でもあったが、政治家ではなかった。二月から十月までの間に、優秀な革命家を周りに集めたが、彼らを組織するかわりに皆でボルシェビキへ入党した。左翼反対派に古参党員を集めることに成功しても、組織化できず切り崩しにあってしまう。第四インタに多士済々の人物を集めることはできても、組織の方法をボルシェビズムから採ってしまい、何のための反官僚主義か分からなくなって弱体化する羽目になる。ボルシェビキ入党を除けば、トロツキィはいつも同じ失敗ばかり繰り返している。とはいえ、トロツキィの凄いところは、同じ失敗を繰り返せるところにある。

組織する個性の判断ミスは、往々にして政治生命の終わりであることが多い。プレハァノフの晩年がそのいい例である。それに対しトロツキィは、判断ミスによって失敗しても、どういったわけが再び人々を集めることには成功するのだ。それは単に著名な革命家であったばかりではなかろう。著名であることに限れば、マルトフやプレハァノフ、そしてケレンスキィもまた著名であったのだから。

トロツキィの周りに人々が集まるのは、彼の個性、人間性そのものと向かいあう強烈な個性に理由があると自分は考える。トロツキィの個性は、その個性に触れた者の人間性に輪郭をあたえるだろう。トロツキィはその著作のなかで、人間性一般の内から典型を引き出し、明確化することに長けていた。それと同じことが、彼と出会った者にも為されていただろう。トロツキィが革命家そして行政家として有能であったのは、こうした輪郭付けによって、相手の欲求や望みを推察することができたからである。己れを知る者のために働こうとするのは古今東西を問わない。もっとも、同じく古今東西を問わないものとして、見透かされることへの腹立ちもあるが。

トロツキィの周りに人々が集まるのは、彼がその人々のことを知るからである。そして亦、彼が無闇と政敵を作り、高慢だと批判される根拠は、やはり彼が人々のことを知るからである。ところで、トロツキィは歴史の客観的把握への試みにも長けていた、と先に述べた。それは、マルクス主義の方法ばかりが理由ではない。E＝H＝カーの『カール＝マルクス』には、マルクスの好んだことばとして例のテレンティウスの科白が挙げられている。「人間的なものは全て、わたしにとって無縁ではない」という科白である。トロツキィにせよマルクスにせよ、彼らは歴史と向かいあう個性を、歴史を過去との対話として扱う個性を共通して持っていた。そして彼らは亦、人間性と向かいあう個性としても共通していた。トロツキィが歴史把握に長けていた理由、マルクス主義の方法以外の理由とは、この歴史及び人間性と向かいあう個性としてあったからである。たんにマルクス主義の方法を採用したためではなく、マルクスと共通した個性を持っていたからなのだ。

歴史と向かいあう個性は、歴史意識を持つ。歴史によって規定された意識、そして対象として歴史をもつ意識、この二つを意味する歴史意識が、歴史とむかいあう個性によって持たれるのだ。この歴史意識は、人間性への意識と重なり合っている。人間性への意識も亦、人間性に規定された意識であり、対象として人間性をもつ意識であるからだ。この重なり合いは、全体のうちにおりながら、全体を客観視しようとする部分が行う試みから起こるのである。

もちろん、全体のうちにおりながら全体を客観視することは不可能である。そして歴史及び人間性は、こういった全体を表している。歴史のただ中にいる者が、歴史から離れて歴史を客観視することはできない。人間性も亦、動揺である。にもかかわらず、部分が全体を客観視しようとするならば、部分である己れを全体と対置することが必要となる。全体という対象を観察する主体が、テレンティウスの「わたしにとって」が、必要となるのだ。

こうした「わたしにとって」という、強烈な個性をもつトロツキィであるから、レニン伝は優れた作品となっている。そして優れているのはレニン伝ばかりではない。彼の著した革命史こそ、人間性および歴史と向かいあった個性による、革命の意味を捉える優れた試みなのだ。

これまでトロツキィを政治家として扱う間違いが、あまりにも多すぎた。革命の意味を把握しようとするトロツキィこそ、注目すべきトロツキィの凄さなのだ。政治家としてのトロツキィを言挙げする者の大半が、ソビエトにおけるトロツキィの役割を語る。しかし、その役割は革命家及び行政家としてのトロツキィであり、政治家ではない。これでは革命家及び行政家としてのトロツキィが何故優れていたのかが分からないではないか。

トロツキィを言挙げする者は、革命について考えようとする者だろう。そこでトロツキィが示す革命の意味を無視して、トロツキィの役割ばかりを言挙げするのは馬鹿馬鹿しい限りである。必要なことはトロツキィから学ぶことだ。トロツキィをウットリ眺めることではない。つまり、いわゆる政治家としてのトロツキィではなく、歴史家としてのトロツキィこそ、トロツキィの真骨頂であり、学ぶべきものなのだ。

ということで、本日はこれまで。

十七日　火曜

曇天。昼過ぎに起床。どうしても早く寝ることができぬ。そのため昼夜逆転は続く。早く寝ることができないのは、自分に課したノルマを果たしておるうちに、どうしても朝を迎えてしまうためである。かと言って、ノルマを果たし終えたためしはない。いつも翌日に残りを回し、この残りが積もり積もって、当日のノルマどころではないといった状況だ。そこで状況を改善しようとノルマを弛めることはマズい。自分の性格からいって、最後的にオブロゥモフ的生活に到りかねないからである。しかし、昼夜逆転もオブロゥモフ的であることは確かだ。自分は、オブロゥモフ主義を避けようとしてオブロゥモフになっている。面白い逆説である。けれども、こうした逆説に泥むわけにはゆかぬ。ルゥジンが宜しくない男だと知ってはいるが、どうせわたしはルゥジンだ、こう述べたチェホフの作中人物と変わりがなくなるからである。先の科白を述べた『決闘』のラエフスキィは、まったく惨めな男であった。

ではどうするのか。優先順位からいえば、ノルマの方が昼夜逆転を直すよりも重要である。しかし、昼夜逆転を直すことなんど、それ程しんどいものでもあるまい。ノルマに差し障りのない範囲で、できるだけ昼夜逆転を直すように頑張るしかない。とりあえず、昼直前まで起きていることを禁じよう。禁止を破ってオブロゥモフになるのなら、自業自得というものだ。

さて、起床した後、所用のためそのまま外出する。夕方頃、下宿に帰る。乾パン、チィズ、林檎を喰う。フィッシャア『レーニン』を続きから読む。

フィッシャアのレニン伝を読んでおるうちに、歴史における人間の意志についていろいろ考えることになった。フィッシャアは、レニンの意志こそソビエトを成立させたものであるという。自分も亦、そう判断はしている。判断はしているけれども、意志がどのように歴史に作用するのかは分からない。かつ亦、歴史が意志にどのように作用するのかも分からない。例えば、レニンの意志がソビエト建設とその維持にあったことを否定する者はいないだろう。ついでに言えば、自分を含めた消費社会に泥んできた人間にとって、ソビエトが暮らしにくいところであったことを否定する者もいないだろう。まして、無政府主義者を除けば、三七年にその頂点を迎える粛清は法の支配に対する完全な侮辱である、と考えない者は皆無であるに決まっている。もっとも、レニンの意志がスタァリン以降のソビエトを求めていたとは考えられぬ。さりとて、スタァリン以降のソビエトとレニンの意志が全く無関係とも言い切れぬ。

歴史の必然ということばが頭をよぎる。

必然という形で歴史法則を把握できれば、あれこれ思い悩むことはないだろうに。しかし、意志の歴史に対する作用があり得ると考えるならば、法則から予想をたてること自体が法則の変更を引き起こす可能性を排除できない。社会主義ソビエトの共産主義化という歴史の必然性を、レニンは予想していたのか。それとも、別の予想であったけれども、予想という行為によって歴史法則に作用してしまったのか。そもそも歴史の必然なる歴史法則なんどあり得るのか。

過渡期社会論は、歴史法則を前提にしてはじめて論ぜられる。ソビエトは過渡期社会であるという規定が、レニンにより為されていた。そしてスタァリン以降のソビエトは、全人民国家とみなされ、共産化への準備がととのった国家とみなされ、直接的な外圧もなしに崩壊した国家であった。過渡期が終わりに近づき、共産化も遠くないと指導部にみなされていたソビエトは、確かに過渡期を終えた。けれども、その後進であるロシア共和国を共産主義社会と呼ぶのはためらわれる。

本を開いたままボンヤリしておるうちに、ふとジノビエフが述べた、共産主義への歴史の必然性を思い出す。

「ロシアにおける共産主義社会の誕生は、進化の法則にぴったりと照応しており、なにも偶然による例外的現象ではなかった。十月革命はただ、数世紀来ロシアにすでにあった社会的傾向に自由な道を開いただけだった。

〈中略〉

ロシア革命の現実とは、何百万人の人々の日常生活であり、同時代人の想像力をかきたてた数々の派手な事件にあるのではない。当時、人々が日常茶飯事とみなしていた事柄は、当然だれの注意も引かなかった。新たな行政機構も昔のものとさして変わらないように思われた。役人の大多数は新たな状況にどうにか順応していった。多数の将校が赤軍に加わった。その赤軍にしても、警察同様、以前のものをモデルに編成された。国はそれまでの豊富な経験を、公安および住民統制の組織化にうまく活かすことができた。国家機構内には夥しい役職が新設された。権力の及ぶ範囲は著しく拡大した。これらの役職に惹かれてやってきた人々は、軍の司令訓練を受けたかのごとき有能な指導者になっていった。ロシア革命はその社会的本質において官僚の革命だった。官僚が新しい社会の主となっただけではなく、すべての国民が実際の、あるいは潜在的な国家の僕となったのだ。指揮官、指導者、党書記、局長、議長など、さまざまな肩書をもった何百万もの人々が、自分たちのイデオロギー、心理、生活様式、そして生活観までをも社会全体に押しつけるようになった」(『余計者の告白』上巻　一五一・一五二頁)

ジノビエフに言わせれば、共産主義社会は歴史の必然であるのだ。もっとも、ここでの共産主義社会は官僚支配の社会のことである。何だか物凄い意見である。官僚支配の社会になることが歴史の必然であるのだから。もちろん、法則は例外を認めない。ジノビエフは、西欧でも共産主義化が進行していると見なす。

「西欧における所産主義的傾向はイデオロギーによって生れたものではなく(ソ連でもそうだが)生活の内的条件から生まれた。このプロセスの展開は、西欧各国の共産党の努力とは何の関係もないし、むしろかなりの部分その努力にもかかわらず生まれたものだ。その起源は労働者や農民ではなく、大量の官僚、技師、教員、医者、芸術家、作家、ジャーナリスト、要するにソ連で「職員」という語で示されているあらゆる人々である。安定し保障された生活条件を夢見るこういう階層の人々は、西欧でその影響力を増しつつある。官僚になりたがる人々の数は膨大だ。こうした人々は、自分たちの理想が実現されるために、子孫たちが支払わなければならない代価のことを何も考えていない」（『告白』下巻　三二〇・三二一頁）
西欧の共産主義化について語ったくだりから、ジノビエフの言う官僚支配の社会が如何なるものであったのかが少しばかり分かってきた。ジノビエフは、ホワイト＝カラァ（ソ連で謂うところの「職員」）社会とその管理エリトについて言っているのだ。しかも、ホワイト＝カラァ社会に到ることが歴史の必然であると、ジノビエフは見なすのだ。
おそろしく興味深い意見である。しかし、必然と言えるのかどうか。何故なら、自分はホワイト＝カラァ社会が出口なしであり、人はこうした社会に耐えられまいと考えているからである。よしんば必然としても、必然の予測によって法則を変更できないものか、と考えているからである。
うむ。本日はこれまで。

十八日　水曜

晴天。昼過ぎから曇天に変わり、真冬かと思わせるほど寒くなる。昼に起床。暖かいのでコタツを解体した。しかし二時間もしないうちに、再び組み立てることになる。乾パン、チィズ、林檎を喰い、フィッシャア『レーニン』を続きから読み出す。

読んでおるうちに、いろいろな印象が頭を満たし、ボンヤリしてしまう。サクサク読みたいのだけれど、こうボンヤリしてばかりではそうもゆかぬ。印象が頭を満たすと言っても、フィッシャアの解説に刺激を受けたからではない。解説自体は、それ程面白いものではない。伝記における解説は、思想及び行動原理への一貫した視点によって面白くなる。フィッシャアは、レニンの現実的思考を褒め上げたり、スタァリンにつながる機会主義としてけなしたりと、あれこれ解説してくれる。しかし、評価の分裂した解説には、分裂そのものの解説が不可欠であるにもかかわらず、フィッシャアはそれをしていない。していないから、歴史の解説や人物の解説ではなく、逸話の解説に止まっている、というのが正直なところだ。そのよい例として、『唯物論と経験批判論』についての解説が、この論文をめぐる逸話に終始していることを挙げられよう。

レニンが当時持っておった形而上学的基礎なんどフィッシャアにはどうでもいいらしい。しかし、『唯物論と経験批判論』にある形而上学的基礎、「唯物論」を自称する無茶な観念論が、後の社会主義諸国の認識論の主柱となったことを考えれば、逸話に終始するのはマズいだろう。レニンの弁証法理解は、『唯物論と経験批判論』の観念論と異なり、非常に鋭いものであった。この矛盾を追求することも、レニンという人間を理解するために欠かせないだろう。だが、フィッシャアは逸話の解説に終始するばかりである。逸話は、よくぞ調べたと言いたくなるくらい興味深いものが多い。けれども逸話は逸話、伝記は逸話の集積ではないのである。

自分がボンヤリしていたのは、逸話の前提である年代記的事実を読むうちに、現在の社会とレニンのおった社会とを重ねてみてしまうからである。『帝国主義論』は、当時の社会においては妥当な作業仮説であった。フィッシャアが何と解説しようと、そうなのだ。一次大戦がはじまったことだけでも、作業仮説の妥当性は分かろうというものだ。しかし、今現在の社会においてはどうか。国内需要を軽視して、新市場を求める帝国主義と、国内消費を拡大再生産させることで、生産物のはけ口を拡大してゆく現在の資本主義は、大いに異なる。

レニンがとらえた帝国主義の矛盾は、革命に到るはずのものであった。しかし現在の資本主義が抱える矛盾は、帝国主義のそれと同じであるはずがない。市場が空間的なものから、時間的なものへと変わったのだ。消費者に次々と消費をさせるためには、商品を買い続けてもらわねばならぬ。必要なものは持っているからもういいや、と消費者が判断したら、現在の資本主義は終わりである。先進資本主義諸国における消費者のほうが、後進国市場よりもはるかに購買力を持っている。そして後進国市場が必要とする生産物は比較的低技術のものであり、商品としては安価、かつ現地生産の可能なものである。つまり利益の回収率が低いのだ。その上、資本輸出という形で、いわゆる「新植民地」経営に乗り出したとしても、現地の民族資本と競争せねばならない。ひっきょう「新植民地」経営のコストよりも、国内消費を連続させるコストの方が、見返りが大きいのだ。後進国の民族資本にはとても真似ができぬ高い技術力によって作られた高価な生産物、その連続的消費は、先進資本主義諸国の消費者にかかっている。そこで後進国の民族資本に差を付け、しかも先進国の消費者に連続的消費を行わせる方策が一致する。新しい生産物を次々と買い換える必要性を、現在の資本主義は技術革新という形で作り出すのだ。

かつて世界を分割して市場を確保していたように、現在は消費者の必要を時間的に先取りすることで市場を確保しているわけである。この違いは、矛盾の違いを生む。植民地市場は、その市場が大きければ大きいほど民族資本を生み出しやすい。植民地は、植民地からの脱却をはかろうとする試みを生みだしているのだ。帝国主義の抱えた矛盾の一つは、こうしたものであった。現在の資本主義が抱えている矛盾は、消費者の必要の先取りが、かつて必要であったものを捨てさせることである。捨てさせねば新しい商品を買ってもらえないのだから、当たり前である。だが、捨てたものはどうなるのか。資源を加工して商品を生産したはいいが、新商品のために捨てられる。これは何のための生産かという矛盾となるだろう。この矛盾から何か引き出せないものかと、ボンヤリ考えていたのだ。

もっとも、いつまでもボンヤリとしてては

オブロゥモフになってしまう、という健全な危機感が襲ってきた。どうしたわけか、嫌がるオブロゥモフを無理やり風呂に入れたシュトルツについて思い出す。そこで急に風呂屋へ向かうこととなった。下宿に帰り、缶詰を暖め、茹で卵、林檎を喰う。そしてまた再び『レーニン』を開く。ボンヤリする。ボンヤリついでに本日はこれまで。

十九日　木曜

晴天。昼過ぎに起床。なかなか早く寝ることができぬため、昼夜逆転の改善はおぼつかない。改善ができないと、所用のある日は大変なのである。

そして本日、午後から所用があり、昼過ぎに目が覚めたのだから、それこそ大変なのであった。けれども、喰うものは喰う。ノルマとして決まっているのだ。終日寝なかったり喰わなかったりする無茶は、てきめんに翌日にひびくからである。そこで、乾パン、チィズを喰う。さっさと腹を作って、表に飛び出した。

やっさもっさした挙げ句、比較的早い時刻に下宿へ戻る。とりあえずフィッシャア『レーニン』を続きから読みだす。

あいかわらず逸話の解説が多い。だが、妙に感心したところもある。フィッシャアがラッセルから引用したところだ。二〇年にラッセルはソビエトを視察した。その視察からの考察のうちに次のようなものがあるらしい。それは、自由を愛好することと、人間悪の全面的駆除を欲することは両立しない、という考えである。この引用から刺激をうけ、さっそくボンヤリする。どのようにボンヤリしたかを少し書く。

抽象的自由とは、何もしないことであると言ったのはヘェゲルである。ヘェゲルにとって、この抽象的な自由は良いものではない。しかし、欲するところを為す自由は、無為を為す自由も含む。無為を為す自由、何もしないことをする自由は、主体的に選ばれる限りにおいて、実践される自由でもあるのだ。この主体的に選ばれるという場合は、「イヤならしない」ということである。

イヤでも必要なことなのだから、皆が我慢してやっているのだから、イヤと言うのはワガママだ。こう批判はできる。しかし、「必要」や「皆が我慢してやっている」ことを悪であると見なしているならば、悪の拒絶をワガママと批判するわけにはゆかぬ。この手の批判は、悪を拒絶する勇気もない者の自己弁護に過ぎないことが多い。かえって、自己弁護を批判とすり替える方がワガママであるだろう。おそらくラッセルは、ワガママ批判をソビエトで喰らったのだろう。そこで、両立しないと考えることは理解できなくもない。白色および赤色テロルの横行、農村からの強制徴発、ソビエトにおける言論弾圧、これ等を悪と見なさない方が難しいだろう。そこでラッセルは、これ等の悪、つまり自由の拘束が人間悪の全面的駆除の試みのためにもたらされたと考えたようだ。二〇年のソビエトは内戦で大変なことになっていた。大変なのにもかかわらず「必要」や「皆が我慢してやっている」ことを拒絶する者は、ワガママ批判を喰らったに違いない。

「兵士たちはだれも、自分たちが共産主義者によって、大砲のたんなるえじきに使われているにすぎないなどと言うことはできなかった。なぜなら、共産主義者が率先して大砲のえじきになっていたからである。どの戦場にも、恐怖の伝染がみられた。もし将校がひるめば、その舞台は逃げだしてしまうかもしれなかった。しかし勇気にもまた伝染性があった。共産主義者が立ち上がり、砲火にめげず前進すれば、うしろにいるものたちは、時に、人間的になるあまり、退却できなくなっていたのである。

共産党は、内戦で、ソビエト軍はいわば先鋒であった。レーニンは、この先鋒を不屈にし、鍛えあげ、とぎあげた」（『レーニン』上巻　四三四頁）

ボルシェビキに批判的な（もっとも本人は客観的と思っているだろうが）フィッシャアによって述べられた右の文は、ワガママ批判にも一理あることを示している。誠実なボルシェビキにとって、自由の拘束を云々することは、悪を駆除する試みを放棄するも同然であったろう。そこでラッセルはボルシェビキを非難する代わりに、両立しないと考えたのではないだろうか。

しかし、無為を為す自由も亦、人間悪と対立するものであるのだ。そもそも、対立がなければ自由を愛好することもない。自由が良いものか否かと価値判断を下さない限り、自由の愛好はできないからである。自由は愛好するに値すると判断を下すならば、愛好するに値しない諸々のことがらと対立していることになる。つまりは、自由を愛好する前提が、人間悪を駆逐する前提となり得るのだ。こう考えるとラッセルの意見は納得ができない。ラッセルは、自由と闘争とをカテゴリーに分けて、二つのカテゴリー間は両立しないと言っているようなものだ。これでは恣意的に過ぎはしないか。問題は、前提から出てきた諸結果が、前提とくいちがうに到った過程なのだ。労働疎外の拒絶が含まれていること、この拒絶は自由への愛好から来ていること、こうした事柄がマルクス主義の前提（あくまで前提であり、目的ではない。疎外論者はその点で誤っている）としてある。にもかかわらずソビエトが自由から離れていった過程こそ、真に考察すべきものであると自分は思う。カテゴリー分けですまされるものでは決してない。とは言え、ラッセルの著作そのものを読まずにラッセルを批判することも亦、恣意的なカテゴリー分けであるだろう。今度、翻訳を読んでみよう。

なんどと考えながら、缶詰を暖め、茹で卵を喰う。腹を作った後、そのまま読み続けて日の出頃に到る。さすがにマズいので本を閉じ、これを書いている。そろそろ寝よう。本日はこれまで。

二十日　金曜

　晴天。昼過ぎに電話のベルで起床。電話がなかったら、自分はおそるべき時刻に目覚めたに違いない。どう考えても昼夜逆転が悪化している。とにかく、早く寝ること、ノルマで達成できなかったところは、翌日にまわすこと。今できることはこれぐらいだ。

　起床後、そのまま不義理を重ねに外出する。不義理を重ねなくてはやっていけぬ自分の生活、その生活が乱れているのだから何だか腹が立ってきた。今のところ、不義理を完全になくする見込みはない。不義理を重ねてまでしても、やりたいことがあるからだ。とはいえ、目的が手段を正当化するなんぞタワゴトだ、と確信している以上、不義理は不義理として考えねばならぬ。つまり自分は、目的のために正しい手段を採るかわりに、容易な手段を採っていると考えざるを得ないのだ。このままではオブロゥモフに到ること、これ確実である。寝床であれこれ計画し、何一つとして実践しないオブロゥモフ。オブロゥモフだけはイヤである。こうなったらノルマ強化だ。そう思いはしたけれども、ノルマの強化をすれば、自分のことだから昼夜逆転がさらに悪化しかねない。何だか腹が立ってきた。

　しかし、無理をしても駄目だろう。走るためには歩くことから始めねばならぬ。腹を立てて無茶をしたことは数知れないが、それで身に付いたことは一つしかない。無茶で身に付くものはないという教訓だ。

大きな目的は、一気呵成に成し遂げることができない。一気呵成に成し遂げられるものならば、それは小さい目的に過ぎないのである。小さいからと言って詰まらぬものとは考えないが、やはり目的は大きい方が良いと自分は判断する。精巧な根付けより、粗雑な大仏を自分は好む。精巧な大仏ならばさらに好む。根付けは一人で作れるし、一人で所有するものだ。大仏だったらそうはゆかぬ。大仏は、皆で作り、皆で所有するものである。同じように、人に使われ人を使う、お互いがお互いの役に立つ、そのような目的は大きいものだ。こうした大きな目的を成し遂げようとするならば、無茶をするのは禁物であるだろう。今できることをやってゆく他に手はあるまい。今できることは何かとそこで考えると、したいこととできることとの分離が鋭く感ぜられる。こうした分離を自覚してこそ、目的に近づこうとする意欲は高まるのだ。あわてても仕方がない。とにかく目的に近づこう。

もっとも、右の考えはしばしば批判を喰らう。何故なら大きな目的を、小さな目的の総和であると見なすことができるからだ。こうした見方にしたがえば、自分の考えは怠ける口実に過ぎないのだ。やれることをやっている、そう口じゃあ言うけれども、実際のところ何か達成したのか、誰かの役に立っているのか。社会がいろいろ用意している役割の、一つぐらいに就いているのか。結局のところ、自己満足にふけっている怠け者の言い訳として、大きな目的が語られているのではないのか。こうした批判が自分自身のうちからも起こってくる。

自分の現実的立場は、これ等の批判を引き起こしやすい。自分は何も達成しておらぬ、誰の役にも立っておらぬ。そして社会的役割を拒んでいる。限りなく生産性の低い立場にいる自分は、生産至上主義の跋扈する社会では批判を喰らわざるを得ぬ。こうした社会において、これ等の批判は妥当なものだ。だが言おう、自分は別の妥当性を求めているのだ、と。大きな目的は、小さな目的の総和では決してない。大きな目的のために、さまざまな小さい仕事をこなす必要のあることは認める。しかし、大仏の手、頭なんどを作ったからといって、それを達成という者はおるまい。達成は、手や頭が組み合わされて大仏となったときにのみ語られるべきことばなのだ。そして亦、大仏の手や頭なんどの原材料を集めることは、人を使うことである。決して一人で集められるものではないからだ。こうした際に自己満足にふけっている余裕などは、いささかも存しない。一人でできることを達成した場合なら自己満足も可能だろうが、達成にはほど遠く、一人でできもしない目的を持つ者には、自己満足なんどあり得ない。やりたいこととできることとの分離のすきまを埋めてゆくのに、精一杯であるからだ。もちろん、これでは生産性は上がらない。生産性をあげるためには、専門分化を行って、小さな目的に邁進せねばならぬのだ。社会の用意した今現在の役割は、小さな目的を果たすための役割ばかりとなっている。生産性を上げるには他に仕方がないからだ。自分はそこで、役割を拒む。社会を拒むつもりではない。大きな目的とは社会そのものを扱うことでもあるからだ。妥当性の異なる社会、これを目指すことこそが大きな目的なのである。

こう考え考えしながら下宿に帰る。トマト、冷肉、黒パンを喰う。フィッシャア『レーニン』を続きから読む。あと少しばかり残して本を閉じる。日の出を迎えたからである。とりあえず寝よう。本日はこれまで。

丸山真男・加藤周一『翻訳と日本の近代』

二十一日　土曜

晴天。日中は暖かかったけれども、夕方より寒風が吹く。昼前に起床。林檎、乾パン、チィズを喰う。フィッシャア『レーニン』を続きから読み出す。読了。

フィッシャアの本は、時間をかけたわりに、そう興味深いものでもなかった。年代順に並べられた実証的な逸話集の域をでていないからである。伝記なのだから逸話集でもよかろう、とフィッシャアは判断したのだろうか。若しそうとすれば、フィッシャアはまちがえている。何遍でも強調するが、伝記とは歴史と小説文学とが共に成立できる分野なのだ。実証的な逸話は歴史ではない。歴史に近づく資料に過ぎぬ。年代順の逸話は小説文学ではない。小説文学は、書き手の欲求を現わすものであるからだ。ひっきょうフィッシャアの本は、新聞記事の集積と代わりがないと思われる。

新聞記事の書き手にとって、歴史や小説文学はどうでもいいことだろう。記事の読み手が「知識を得た」と満足することを目的として、記事は書かれているからである。言ってみれば、書いたら書きっぱなしというわけだ。何故己れが記事の対象に興味を持ったのか、それを書く必要がないのだから、責任をもつ必要がないのだ。せいせいがところ、実証的な手続きを踏んだか否かくらいの責任問題しか発生しない。記事というものは、読み手が知りたいと思っていることについて書くだけでよいのである。しかし、読み手の先入観に従いながら実証的に書くことは、書き手本人の責任がアイマイになる。責任がアイマイになればなるほど、記事の対象のもつ問題を考えることはなくなってゆく。

フィッシャアの提出できた問題は、官僚制と独裁制のからみであった。官僚制は平等を抑圧し、独裁制は自由を抑圧する。ソビエトでは、レニンの頃からこの二つがからみあって存在していた。故に、レニンは大人物であるけれど、彼の作ったソビエトはとんでもない代物である、と言うわけだ。そして、そのからみの原因を、レニンの逸話から捉えようとフィッシャアは試みる。実に分かり易い問題意識だ。あんた自分で考えたのか、と聞きたくなるくらい分かり易い。読み手が知りたがっていることしか問題として取り上げていないのだから、分かり易いのも当たり前である。それは、フィッシャアが予定している読み手、合州国国民である読み手の知りたいことであるからだ。合州国国民は、戦後ソビエトは宜しくないと考えるようにされてきた。そこでソビエトについて知ろうとすることは、ソビエトが宜しくない理由を知ろうとしているに過ぎない。だからこそ、官僚制と独裁制という人口に膾炙した問題を提出しているのだ。

あんまり難しいので、自分でも言上げしたくない問題として独裁制と民主主義の関係がある。スタァリン治下の相互監視と密告システムは、官僚制を飛び越して人民の意志を伝えるものでもあった。独裁制の下での直接民主主義（奇形ではあるが）、あの三七年にはこういった側面もあったのだ。こうした官僚制と独裁制との対立という難しい問題なんぞ、合州国国民である読み手は考えもしないのだ。合州国にもある官僚制、連邦政府の、ＡＦＬ＝ＣＩＯの、ジャアナリズムの、それぞれの官僚制と、ソビエトの官僚制とは差異があるのかどうか、考えてみようとしないのだ。記事の読み手が考えない限り、記事の書き手は難しい問題を捉えることはない。その実例がこの本だ。サッパリしない本である。コントラ＝ソビエトならコントラの徹底を、プロ＝ソビエトならプロの徹底をしてこそ、問題は深く捉えることができるのだが、フィッシャアは旗幟を鮮明にする気がないらしい。客観性を気取っているのだろうけれど、合州国国民の先入観に泥んでいる以上は、客観的とはかけ離れた内容となるに決まっている。まったくサッパリしない。

サッパリしなければ、何とかサッパリしようとするのが人情というものだ。洗濯しようと思いつき、大きな袋に汚れ物をつめて洗濯屋に向かった。キレイになった服をたたみ、片づけ、今度は体もサッパリしようと風呂屋へ向かう。実にサッパリする。

サッパリしたのはよいのだが、下宿の鍵もキレイサッパリなくしてしまった。どうやら風呂屋でなくしたようだ。あれこれ知恵をしぼった挙げ句、粗雑な手段で何とか下宿に入り込む。再びサッパリしない気分になるが、洗濯はしてしまったし、ふろにも入ってしまった。掃除でも始めようと思ったけれど、夜も遅いからそうもゆかぬ。

仕方がないから本を読む。丸山真男と加藤周一の対話を活字にした『翻訳と日本の近代』(岩波新書)を開く。読了。

対話の内容は、自分もいささか調べたことを扱っており、同意はできるが新味はない。ただ、西ヨォロッパの「民権」が複数と単数とで意味が違うこと、平等権と市民権とに分かれるこの違いに無頓着な訳語のために、国権と民権(平等権)は容易に入り交じること、こうした指摘は図抜けて明晰だった。

サッパリとした気分で本を閉じ、乾パン、チィズ、購入した野菜の惣菜を喰う。腹ができたので、ボンヤリと扉の修理を検討する。下宿に入る試みは、扉の破壊でおわったからである。けっきょく検討は「明日、金物屋に行こう」という見事な結論に至る。我ながら見事な結論に感心し、安んじてこれを書き出した。書きながらふと思い出す。扉を破壊しようと決めたときにも、見事な結論だと思ったのではなかったか。してみると見事な結論と自分が判断するものは、それ程見事ではないかも知れぬ。とはいえ、その手の懐疑にいちいち取り合っていたら時間がいくらあっても足りないだろう。そう考えて床に就くことにした。本日はこれまで。

矢澤修次郎『アメリカ知識人の思想』

二十二日　日曜

曇天、夕方より降雨。とんでもない時刻に起床。さすがに真っ青になって跳ね起きた。オブロゥモフということばが頭をよぎる。まいった。さらにまいったことには、夜に友人の演出する劇を見に行くつもりであるから、それまでノルマの幾分かを果たさねばならないのに、時間的余裕がほとんどなかったことである。自分にとっての時間的余裕というのは、ノンキにノルマをこなしていく余裕を指す。あわててノルマにとりかかっても、いいことはないのだ。とはいえ、ノルマはノルマ、表にでる時刻までやるべきことはやらねばならぬ。結局オブロゥモフどころではなくなり、チチコフみたようなせせこましい時間をすごす。

やっさもっさしておるうちは、金物屋へ行こうと昨日決めたことを失念していた。そろそろ出るか、と身支度を始めたとたん、金物屋行きを思い出す。しかし、夜もふけており金物屋が閉まる寸前の時刻である。仕方がないから次善の策として、道すがら風呂屋へ向かうことにした。鍵が落ちていなかったか、質問しようと思ったのだ。このように決めるだけ決めて表に出た。

風呂屋によって聞いてはみたが、案の定ないとのこと。やはり金物屋しか手はないようだ。金がかかりそうである。困ったことだ。もっとも、金物屋に金を渡すとはこれいかに。なんどと馬鹿な考えにふけっておるうちに劇場に着いた。設営に時間がかかるから表で待っていろとの由、相変わらずである。

どれほど意欲があろうとも、人を雇う金がなくては、何事もスムゥスにゆかぬ世の中だ。そんな世の中で、相変わらず頑張っている友人はエラいものだと感心する。とはいえ、感心するのはよいのだが、真冬を思わせる冷え込みで、早く来た客は表で震える羽目になった。周りには、足踏みをしたり、押しくらまんじゅうのように固まったりと、寒さとたたかいながら開演を待っている人々が辛抱強く突っ立っている。スムゥスに開演できない理由を彼らも知っているのだろう。コムフォオタブルばかりが求められている世の中で、かくも辛抱強く開演を待っている客も亦、エラいものだと感心する。友人はこういったエラい客をもてて幸福である。エラい客のおかげで、友人のような意欲家が未だこの世におれることは、客自身にとっても幸福である。なかなかうらやましい関係だ。自分は演劇が好きではないから、客とはいえない。友人がやっておるから見に行くのである。それ故、右の幸福な関係の仲間入りができず、うらやましいと言うのが関の山だ。こう考えておるうちに、客が入り口にむらむらと集いだした。開演に踏み切ったらしい。そこで早速自分も入る。

上演後、さらに冷え込んだ外気のなかを帰路につく。あんまり寒いので、遅くまでやっている店であれこれ食品を購入してしまった。燃料の必要を強く感じたからである。下宿に着き、とりあえずコタツに飛びかかる。握り飯、魚肉の腸詰、豆を喰う。人心地がついたところで、矢澤修次郎『アメリカ知識人の思想』（東京大学出版会）を開く。戦後における合州国の社会学、その水準はハンパではない。何故かくも高水準に到達したのか、前より知りたく思っていた。この『思想』は、目次を眺めた限りでは、戦前の社会学を担ってきた連中の思想的基盤を扱っているらしい。そこで手に取ったわけであるが、ハナから次のように述べてあって、興奮する。

「現代的な知識人は、独立不羈で自由に浮動する知識人というよりは、精神的な労働者であって制度や組織に所属する組織人であることが多い。また科学技術革命の展開を背景にして、文化主義的知識人や政治主義的知識人に代わって、技術主義的知識人が重要な意味を持ってくる。

〈中略〉

一九三〇年代は、近代と近代的知識人が衰退し、現代と現代的知識人が台頭してきた。いうなれば両者が交差する時代であった。そしてその時代は、アメリカ知識人の歴史において、もっとも重要な時代であったのではないか。現代アメリカの社会科学や思想を担った知識人はこの時代に形成されている」(一四・一五頁)

何と、自分の考えと同じではないか。もっとも、自分のそれは帝国末期、三〇年代日本の知的風土を対象としているわけだが。とはいえ、合州国と日本帝国、それぞれの三〇年代知的風土の比較が、この矢澤の本で可能となるかも知れぬ。個々の思想家ならともかく、合州国の知的風土にはてんで無知な自分にとっては大助かりである。注も充実しており、とにかく役立ちそうだ。興奮する。

しかし、せせこましく調べものをしたり、どエラく寒かったり、無闇に興奮したりと、今日はノンキな普段からはかけ離れた生活を過ごした。だいぶんくたびれたので、本日はこれまで。

二十三日　月曜

晴天。昼前に起床。魚肉の腸詰を喰い、林檎を齧りながら身支度をする。所用があったためである。早々に下宿をでる。

繁華街の方へ向かい、人の多さに驚いた。考えてみれば、今日は休日であった。風は刺すように冷たいけれども、雲一つない上天気の休日である。何となく表にでたい気分におそわれた、というところか。人手を見越して、一部の道路が歩行者天国となっていた。所用があるにもかかわらず、さっそく歩行者の特権を利用させてもらう。公道のど真ん中を、てくてく歩くことにしたのだ。普段通れないものだから視点が目新しく、面白い。公道の幅は思っていたよりも広く、そのため、ど真ん中を歩くと上の方が開けて見える。両脇を建物で区切られているとはいえ、上の方が広々と感ぜられるのだ。繁華街にこのような視点があったとは知らなんだ。日頃、公道を使っている車は恵まれているものである。もっとも運転している者には、上を見上げる余裕なんど、ほとんどないだろう。「恵まれている」と書いた自分にしても、事故でも起こされたら剣呑だから、あんまり上を見上げて欲しくはない。それを思えば、可哀想にもなってきた。だが、視点の面白さのために公道があるわけでもないから、実際のところ恵まれているとか可哀想であるとか考える必要はないに決まっている。観光地の人間が、恵まれてもいなければ可哀想でもないことと同断である。

とはいえ、観光地の人間も、己れの居る場所を自覚的に面白がることはできる。今日、自分が公道で面白がったように。そこで自分はこう考えた。面白さとは与えられるものではない、と考えた。最初から面白おかしい場所なんどこの世にはない。けれども、面白い場所は確かにある。この違いを生み出すものを捉えない限り、海の向こうまで物見遊山に出かけていっても、面白い場所より高価な商品を楽しむ羽目になるだろう。もちろん、それはそれで悪いことではない。商品を作っている現地の人々の役に立ってはいるからだ。しかし、せっかく海の向こうまで出かけたのだから、そこいら辺は利己主義になってもよかろうに、と自分は考える。つまり、面白がるとは利己主義の謂なのだ。面白くなきこの世を面白くするのは、各人の主体性であり、ある意味での利己主義であるのだ。

そこで、腹の立つこともでてくるわけである。人のふしあわせを面白がることも、利己主義ならば可能であるからだ。これまた海の向こうまで物見遊山に出かけていき、やはり南の人は可哀想である、とか、貧しいけれども多様性が残されている、なんどと語る者の何という多さか。この手の連中は condescend を面白がっておるのだ。基本的に富はゼロ＝サムの土台で争奪される。貧しい者を可哀想だ、と見なせる幸福者は、彼らから富を奪った一員に他ならない。そのくせノンキに可哀想だと言う者は、可哀想だと言える立場を面白がっているとしか思えない。また、貧しいけれども多様性が残されている云々と言う者も、豊かであれば多様性はなくなると言っているようなもので、これはロクでもない根性のあらわれである。何故なら、多様性を面白がるためには貧しい人々が必要となってしまうからである。

人のふしあわせを面白がる連中は、面白がるだけの主体性を持っている。しかしこの手の連中は、主体性の一側面、他の人々から切り離されているという一側面をあまりに看過しているため、面白さを他人と共有することができなくなっている。連中が面白がっていることを、南の人々も面白がるとはとても思えない。にもかかわらず、連中は己れの感じた面白さについて語る。それは、面白いものを他人と共有したいと考えているからである。

ところで、別にゆきすぎた利己主義がいけぬと言いたいわけではない。どのような程度であっても、利己主義は、面白がるために不可欠な要素である。ゆきすぎた利己主義なんどは、かえって面白がる能力に優れた側面を持っている。自分は面白がる能力を尊ぶから、ゆきすぎだろうが何だろうが利己主義の批判はしない。

そこで、言いたいことはこうなのだ。面白いものは他人と共有したくなる。しかし、面白がるためには主体性が必要であるから、共有は難しい。この困難に無自覚なままだと、共有は似たような主体性の持ち主同士で行われ、さまざまなセクトが面白いものをめぐって発生することになる。これでは何のための主体性であるか分からなくなってしまうだろう。しかも、面白がる主体性を保持し続けるために、共有を拒否することにもなりかねぬ。困難を自覚してはじめて、主体性を持ったまま面白いものを共有しようと試みることができるのだ。

もっとも、ではどうすれば主体性を持ったまま共有ができるのか、と問う者もいよう。実のところ、自分もどうすればよいのか分からない。とにかく、試みるしか手はない。ただ、セクト化だけはイヤである。利己主義者でいながら他人と面白おかしくやってゆきたいと、どエラく利己的に自分は考えているからである。

こうしたことをボンヤリ考えながら所用を済ませ、下宿へ帰る。帰路のついでに金物屋により、扉の修繕に入り用の品々を購入した。下宿について、さっそく修繕に取りかかる。直ったことは直ったけれど、何だか身体が薄汚れてしまった。そこで風呂屋へ向かう。ふたたび下宿へ帰り、乾肉、乾パン、チィズ、ジャムを喰う。いろいろ動いたから、このくらいのゼイタクも許されよう、と自分自身に言い訳する。矢澤の『思想』を少しばかり読み、夜もエラくふけたので閉じる。本日はこういったところだ。

二十四　火曜

晴天。昼前に起床。茹で卵、乾パン、ジャムを喰う。暖かいのでコタツを解体し、解体ついでに下宿の掃除にとりかかる。念入りにホコリを拭い、丁寧に掃除機をかけたため、下宿はなかなかキレイになった。生活して汚すのが勿体ないくらいである。自分はたまにしか掃除をしないから、部屋が薄汚れているのは当たり前だと考える。しかし、キレイ好きの者にとっては、キレイな部屋が常態であるだろう。生活すればイヤでも汚れてしまうことを、彼らはどう考えているのだろうか。少しばかり興味を引かれる。

生活はキレイな部屋の敵である。そこで、キレイな部屋で生活することを好む者は、矛盾を抱えていることになる。こうした矛盾に対して下手をすると、生活を憎むことにもなりかねぬ。しかも、その憎しみはハンパでは済まないだろう。

キレイ好きな者は、固より能動的な生活を送る者である。キレイな部屋を維持するためには、しゃかりきになって掃除を繰り返さねばならないからである。薄汚い部屋の住人、その中には自分も含まれているが、あんまり掃除をしない者は、その大抵が植物的生活を送っている。部屋を薄汚くする者は、ものごとを一つの方向へ動かしてゆこうとする意志に欠けているのだ。その癖、汚れ放題にする根性にも欠けているから、たまには掃除をしてしまう。汚れ放題にするという能動的決意すら為し得ない者が、部屋を薄汚くするものなのだ。こうした者にとって、生活を憎むにせよ何にせよ、生活に対する感情は長続きせずに終わり、しかも行動に移されることはない。しかし、能動的な生活を送っておったキレイ好きな者、彼らの生活に対する感情は人並みならぬものがあるだろう。その感情は長続きし、そのうえ実践的に表されるはずだ。

そこで、若しキレイ好きな者が生活を憎んだならば、どのような行動にでるのか興味が湧いてくる。生活そのものを憎むならば、さっさとこの世から退場するだろうから論外であるが、部屋を汚してしまう生活を憎むならば、面白い試みを彼らが為す可能性がある。

どうしても部屋を汚してしまうのが生活というものだ。こうした生活を憎む者は、そこで部屋を汚さないまったく別の生活を試みるのではないだろうか。別の生活への試みは、生活にかかわっている以上、周りの者も巻き込まざるを得ない。生活は一人でできるものではないからである。つまり、単にキレイ好きであるだけのことが、社会に何らかの波紋を呼び起こすことすらあるわけだ。日常生活への執着が社会を変化させる現象は、自分にとって興味深いどころではない。是非ともキレイ好きな者の振舞いに、怠りなく注意せねばならぬ。

こう馬鹿なことを考え考えしながら身支度をする。午後から所用があり、表にでなければならないためである。表にでて、キレイ好きな者はどこにおるのだろうとボンヤリ見回しながら所用を果たしに向かう。

夜もふけてから、下宿へ帰った。明日は会合が予定されているから身綺麗にする必要があり、風呂屋へゆく。風呂屋でキレイ好きな者を探してみたけれども、駄目である。皆いい加減に身体を洗っている怠け者ばかりだ。ひどいのになると身体を洗わぬ者すらいる。湯船につかりに来ただけらしい。キレイ好きな者は、一体どこにおるのか。

再び下宿に帰り、茹で卵、黒パン、林檎を喰う。腹もできたので矢澤の『思想』を開き、飛び上がる。おった。キレイ好きな者がおったではないか。少し引用しよう。

「一九三〇年代後半における資本主義世界はいったいいかなる状況にあったのだろうか。資本主義は、なんとかしてその深刻な危機から脱出すべくあがいていたが、依然としてその危機から脱出する出口を探しあぐねていた。それにもかかわらず社会主義運動は、先進資本主義社会の労働者階級に理論を与え、それを主導して社会主義を実現することができないでいた。また漸次的な進歩を説き、その結果として平和社会の実現を意図してきた自由主義も、その説得力を失い、他の思想と同じように危機に直面してしまった。こうした八方塞がりの状況をどのように突破していくことができるのか。これが、一九四〇年代の新しい知識人たちに課せられた問題であった」（一八五頁）

矛盾をつきつめ、これまでとは別のやり方を求めること、これがキレイ好きな者の態度である。清算主義なるたわごともあるが、気にする必要はない。清算主義の真の危機は、どうせやっても無駄だからという諦観に他ならぬからである。右の文章は、合州国の社会学者についてのものだ。そして、自分は彼らの意見の大半に組みしはしない。けれども、彼らの試みを怠りなく注意することで、自分の組みする立場をより良くする可能性があると考えている。キレイ好きな者と一緒におれば、掃除の仕方も学べるというものだ。

というわけで、本日はこれまで。

二十五日　水曜

晴天。昼過ぎに起床。乾パン、蜂蜜を喰う。喰いながら、夜に予定されている会合で強調したいことを考える。

自分は出口なしの社会を強調したい。安易に出口を認めることは、実際のところ出口なし社会を強化していることである、そう強調したい。強調の前提として、制度化された意義申し立てを語るだろう。

自分を含め、何かしらものを考えようとする者が、社会の欠点を認めることはそれほど難しくない。しかも、その欠点を指摘することすら難しくない。公表の手段は多様であり、具体的な抑圧が公表に加えられることはめったにないからである。しかし、欠点を指摘することと、それが矯正されることとは別の範疇に属する。何故別の範疇に属するのか、その理由をたんに「理論と実践」との乖離に求めることは、間違えている。いや間違えているばかりか危険な考えでもあるのだ。

社会の欠点を指摘すること、これは既に実践の一つと見なされているのが現実だ。現代社会では、社会の欠点を指摘することが職業として成立している。しかも他の職業の例にもれず、専門分化がおそるべき程度にまで進行しているのだ。そこで、どうなるのか。社会の欠点を指摘する者は、専門家として扱われることになる。欠点を指摘することをその専門としている者にとって、実践とは指摘以外の何ものでもない。そして、複雑な現代社会を捉え、欠点を見出す実践は、専門分化によって確実性を持ち得る。専門的技術者として社会の欠点を指摘することが、現代における dissent なのである。

この専門的技術者としての社会に対する異議申し立ては、次のような事態を生み出すだろう。それは、異議申し立てを聞く者が、同じ専門職もしくはその予備軍に限られているという事態である。専門的技術者となるには一定の訓練が必要である。独自の用語、独自の概念装置、そして独自の目的意識。これ等の訓練を経てはじめて専門家と認められる。若し、これ等の訓練を経ずに異議申し立てを行おうとするならば、確実性のない意見として相手にされることはない。つまり、聞く者がおらぬことになる。その上、職業として異議申し立てをしているわけではないのだから、確実性を獲得する作業よりも、稼いで生活する作業に対して、より多くの時間が割くことは避けられない。こうしてますます確実性のない意義申し立てとなり、ますます相手にする者がいなくなる。各人が何かしらの専門を持つことを要求される現代社会では、基本的に専門分野以外の事柄に関しては無関心にならざるを得ない。専門分野で進行している事柄についてゆくだけで精一杯であるからだ。故に、現代における異議申し立ては、異議申し立て専門家同士の競争的指摘に止まるか、素人として相手にされることがほとんどないかのどちらかに陥ることになるだろう。

右のように考えることで、出口なしの社会を捉える糸口になるはずだ。異議申し立てが、その実効性を持たないのは専門分化されているためである。そして、専門分化は確実性のために為されるから、素人の異議申し立ては実効性を持たないばかりか相手にもされることがないのだ。この異議申し立ての実効性のなさを「理論と実践」との乖離に求めていることは、現代社会の有り様を無視して語ることであり、無視して語っているのだから確実性がない。つまり素人の意見なのだ。人口に膾炙している素人的意見、この意見の意味そのものは異議申し立てに対する不信である。異議申し立てに対して異議申し立てをしている意見なのである。この意見は最後的に、現状肯定の態度を意味する。つまりは、異議申し立ての専門家と素人との分離に異議申し立てをすることは、異議申し立てを否定することにつながってしまうのだ。出口がない。

自分は出口を求めている。しかし、出口を求めて、安易に専門家になったり素人であることに安んじたりすることを避ける。出口を自らふさぐことになってしまうからである。では、どうすればよいのか。

問題はここだ。「では、どうすればよいのか」と問う者がいる限り、出口なし社会にたえられぬ者の存在を示している。こうした者同士の対話によって、専門家でもなければ素人でもない、良識として異議申し立てを作り上げることができるのではなかろうか。あんまりドラスティックな解決とは言えぬことは確かだ。しかし、ラディカルな解決であると断言しよう。

こういったことを考えた。会合は明朝まで続くだろうから、今のうちに考えたことを書き付けておく。そろそろ時間である。本日はこれまで。

二十六日　木曜

晴天。昼に起床。昨日の会合は、案の定明け方まで続いた。そのためか、どうにもダルな心持ちで目が覚める。たかだか半日喋り続けただけで、こうもくたびれるとは思わなんだ。もはや若くはないと言ったところか。そのくせ、年齢相応の語り方ができないのだから情けない。

昨日の会合は、言いたいことを準備してから参加した。にもかかわらず、準備したことをほとんど語ることもなく、ただ無闇にその場の話題について適当なことを喋り散らしてしまった。その場その場の話題に対して、乏しい知識をひけらかし、思いつきを押しつける。自分の歳を考えれば、実に情けない振舞いだ。

衒学趣味と断言癖は、学生にまかせておけばよろしい。いい歳をした自分が、いつまでもやるものではないだろう。だが自分はやってしまい、準備したことを語ることもなく、うかうかと下宿へ帰ってしまうのだから馬鹿もいいところである。せっかくの話し相手に対して失礼ではないか。まったく情けない。

まぁ済んだことは仕方があるまい。馬鹿な振舞いは今に始まったことではないのだ。しかし、馬鹿な振舞いは仕方がないが、馬鹿な振舞いをもたらした自分の性向は、仕方ないでは済まされぬ。自分の言いたいことを語るかわりに、適当なことを喋って自分に注目してもらおうと振舞ってはいないか。対象について確実なところも知らず、ロクすっぽ考えもしないうちに喋り散らすことで、話し相手に負担をかけてはいないか。自分自身や話し相手をある意味で軽んずる態度が、自分の性向に含まれていると思えてならぬ。矯め直すべき。もはや学生ではないのだ。いい歳をした大の男が何のかのと喋り散らして、トロフィイモフに安んずることは良いはずがない。矯め直すべし。

こう考えながら林檎を喰う。喰いながら矢澤の『思想』を開き、続きから読み出す。しばらくも読まないうちに、来客があった。先々月、脳を restore するために郷里へ帰っておった友人である。全快して一昨日上京したとの由、これは土産だと郷里特産の菓子をもらう。全快したのは何よりである。菓子をもらうのも何よりである。さっそく菓子を囓りながら、あれこれ郷里のことを聞く。

友人が帰った後、急いで身支度をして表にでる。図書館に用があったからである。例によって忙しくやっておるうちに、閉館の時刻が近づいて来た。図書館を出、帰路のついでに諸般の入り用の品々を購入。夜もふけてから下宿に着く。

帰って早々、黒パン、チィズを喰う。どエラく大量に喰ったため腹が苦しい。とはいえ、ダルな体調をほおっておけば先々まで引きずりかねないのだから、苦しくても喰うだけは喰わねばならぬ。うんうんと苦しみながら、ふたたび矢澤の『思想』を開き、続きから読み始めた。そこでハタと頁を繰る手が止まる。昨日に言わんとしたことと、同じ事柄が述べてあるではないか。

「第二次世界大戦は、一枚岩的な官僚制的な社会をつくり出してしまった。その社会においては、行為を停止することに基づくクリティシズムか、クリティシズムの放棄を欲求する行為か、そのどちらかを選択するしかなかった。もしも公的な役割を果たそうとするならば、現在の権力構造との和解以外に残された道はないという結果に落ち着かざるをえない」(二二二頁)

制度化された異議申し立て。合州国は、半世紀も前から出口なしの社会に突入していたらしい。こうした社会におけるクリティシズムは、異議申し立ての専門家によって為されることになる。こうした専門家たちが自らをどう規定しておったのか、それを調べなければならぬとボンヤリと考えた。何故なら、異議申し立ては出口のためのものだからだ。出口なしの社会を強化する。そのような異議申し立ては御免被りたいのである。

　こうボンヤリ考えておるうちに、情けないことにうたた寝をしていたらしい。気が付いたら二時間ばかりも経過しておった。自分はめったにうたた寝をしないから余程ダルなのであろう。本を閉じ、さっさと床に就くことに決めた。そこで、これを書き出したわけである。とりあえず本日はこういったところだ。

二十七日　金曜

　曇天。とんでもない時刻に起床。あんまりとんでもない時刻であるから、ここに記す勇気が出てこない。なけなしの勇気は、昼夜逆転を正すことに用いよう。しかし、まいった。我ながら恥ずかしい。とはいえ、エラく長いこと寝ておったため、ダルな心持ちは最早なく、体調はよい。過ぎたことを思い悩んでも仕方がないから、よい体調である上に所用がない今日の一日を十全に過ごしてやろう、と企んだ。

　とりあえず豆を喰う。腹を作り、何やかやとあって未だに読み続けている矢澤の『思想』を読み出す。しばらくも読まないうちに電話があり、友人が来訪の意を伝えた。了解して、友人を待つ。

昨日に来た友人と、先日の会合で会った友人の二人組が来訪。土産に菓子をもらう。どうやら菓子好きであることが知られているようだ。自分の人となりを知られているのは、なかなか具合が宜しい。そこで菓子を囓りながら話す。話すのはよいのだけれど、人の顔を見たら衒学趣味と断言癖を発揮する自分に気付き、我ながらイヤになった。さりとて二人組はイヤな顔の一つも見せず、穏やかに話しを進めてくれる。自分の人となりを知られているのは、なかなか具合が宜しい。

とはいえ、調子を合わせてもらってばかりで自分自身から何もしなければ、いささか具合が悪かろう。欠点を許容してもらうことは、欠点の矯正がしづらくなる。これでは、いささか具合が悪い。うむ、人の好意に甘えてはいかん。もらった菓子を囓りながら、こう考えた。

思考と行動が矛盾している自分は菓子を囓り続け、友人は話し続けた。ひとしきり話した後、二人組は帰途についた。既に夜である。『思想』をふたたび開く余裕はない。そこで、やっておらぬノルマにとりかかる。あれこれ忙しくノルマをこなし、風呂屋へ向かった。

下宿に帰ったのは夜も大分ふけてからのことである。缶詰を喰い、『思想』をふたたび開く。ダニエル＝ベルとＣ＝Ｗ＝ミルズとの違いについて述べられたところに触発されて、ボンヤリと考えにふける。

ボンヤリ考えたのは、次のようなことだ。ベルとミルズとの違いは、それぞれの教養の違いに基づくものではないか、ということである。もちろん矢澤は、こうした教養の違いからくる思想の違いに注目している。そもそも『思想』は、三〇年代合州国知識人の出自と教養とのからみから、彼らの思想を解説しようとするものだ。だが、自分がボンヤリ考えたことは、教養の社会的基礎と思想とのからみではない。教養への主体的欲求と思想とのからみについて考えたのである。

教養には、それを持つ者と集団との関係を示すはたらきがある。このはたらきは二つの側面を持つ。一つは、出身集団を示すはたらき。いま一つは、帰属したいと欲する集団を示すはたらきである。

いわゆる教養階級とは中産階級に他ならなかった、一九世紀西ヨォロッパの例を考えてみよう。ギムナジウムやパブリック＝スクゥル、そして大学に通って身につけた古典語なんどの知識は、当時の西ヨォロッパでは既に用をなさなかった。学術書のほとんどは近代諸語で書かれ、その学術書のうちでもとりわけて重要な位置を占める科学が、大学にすら入り込もうとする時代である。時代は有用性を尊びだしたのだ。こうした時代にもかかわらず、古典語は教えられ、そして教養と見なされたのだ。

見なされた理由の一半は、中産階級の伝統によるだろう。法律家、医者、坊主。中世以来の中産階級を代表するこれ等の職業は、古典語の知識を不可欠とする専門職であった。そして中産階級以外の者は、読み書きの必要がない状況で生活していた。出自によって一生が決定される制度が長い期間にわたって存在していたため、右の状況も亦、長い期間にわたって続く。つまりは、長い期間にわたって、古典語の知識が中産階級出身を示すしるしであったのだ。こうした伝統が、十九世紀に到ってもなお古典語の知識を教養と見なす態度とつながってくる。

高等教育には多大な出費を覚悟せねばならぬ時代において、学校にその子弟を送り込む者は中産階級を主としただろう。そして教育を授ける側も、かつては授けられる側であった以上、中産階級の出身が多かったであろう。十九世紀においても、この構図は基本的に変わることはない。伝統は続いていたのである。

しかし、かつての状況、つまり生まれながらに職業が決定されている状況は、ブルジョアの勃興によって揺らぐことになる。能動的なブルジョアの地位向上は、中産階級を危うくさせる態のものであった。有用な学が尊ばれ、技術的な専門職が求められる。伝統は続いていた。しかし、最早その伝統は社会的意義を失っていたのだ。ここで、中産階級の伝統と社会構造とが鋭く対立する。

この対立から、古典語の知識が示す意味が変質してゆく。固より古典教育は、古代の文芸をもとにおこなわれた。その点で古代文化は、中産階級によって保存維持されてきたと言えなくもない。しかし、あくまで古典語の知識は、職業上の必要から求められたものであって、文化保持の必要からでは決してなかった。古典語の知識が示す意味の変質は、職業上の必要から文化保持の必要への変化を指す。中産階級の伝統と社会構造との対立は、文化的伝統と社会構造との対立にすり替わってゆくのだ。ここには、社会的意義を失った中産階級の子弟が、自らの帰属する集団を模索する過程がある。そしてその過程のうちに、文化的伝統を担ってきた集団として、中産階級の伝統は理想化されてゆくことになる。この理想化こそ、十九世紀においても古典語の教養がなされていたもう一つの理由である。伝統の理想化は、文化保持の危機意識をもたらしたのだ。

こうした教養のはたらき、二つの側面を持つはたらきを考えることは、ベルとミルズそれぞれの大衆社会観の違いを考える上で必要ではないだろうか、と自分はボンヤリ考えた。考えているうちに日付はとうに変わっており、もう日の出を迎える頃である。下手な考え休むに似たりと言うけれども、似ているよりも実際に休む方がいい時間である。というわけで本日はこれまで。

ダニエル＝ベル『イデオロギーの終焉』

二十八日　土曜

晴天。ただし風あって肌寒い。昼過ぎに起床。昼過ぎとはいえ、昨日よりマシである。この調子で昼夜逆転を正してゆきたいものだ。こういった詰まらぬ勝利感を味わいながら、食事の支度をする。乾パン、チィズ、蜂蜜を喰う。所用のために表に出る時刻まで、少しでも読み進めようと矢澤の『思想』を読む。読了。

矢澤の『アメリカの知識人の思想』は、合州国知識人、なかんずく社会学者と、彼らの思想を扱っていた。現代社会学に大きな影響をふるった社会学者たち、彼らに共通してあった知識人としての経歴を基にして、さまざまな思想を矢澤は祖述する。思想史というより、社会史に近い形の歴史的作業によっておこなわれた祖述は、次のような共通性を基にしていた。それは、社会主義から社会学へ、と言うものだ。

三〇年代のニュウヨォク、そこで知識人となった者を囲んでいた知的環境は、プロ社会主義であったらしい。戦後の合州国で一世を風靡した社会学者たちは、かつて社会主義者であったのだ。なかなか信じかねる話だが、矢澤はその理由をニュウヨォクという場所の特性に求める。エスニシティを許容するところとして、亡命者の集うところとして、さまざまな公共施設の整っていたところとして、ニュウヨォクは合州国でも特異な場所であったらしい。実際、戦後著名になった社会学者たちは、ユダヤ人や亡命者、労働者階級出身者が圧倒的に多い。こうした知識人集団のニュウヨォク的特質が、プロ社会主義の態度をとらせた理由の一つとなっていた、と矢澤は述べる。つまり、当時の合州国社会から距離をもった知識人集団であることに注目するのだ。

社会から距離があるということは、社会を客観的に把握するに適しているだろう。かつ亦、その距離のために、社会に主体的に参加する願望が生み出されるだろう。社会から距離のあるニュウヨォク知識人集団は、そこで社会問題を意識し、問題の解決に主体的に参加してゆく。時代は大恐慌直後であり、資本主義はその最悪の性質をさらけ出していた。こうした時代の社会が抱える問題を捉えて、主体的に解決しようとする彼らは、社会主義者となったのだ。

もっとも、社会主義者となったのはいいが、ほどなくして彼らの大半が社会学者へと「転向」する。その理由は次のようなものであったらしい。

「H＝スペンサーに代表される古典的なブルジョア思想は没落し、その影響を色濃く受けたベルンシュタインやカウツキーの社会民主主義思想も、その効力を失ってしまっていた。さらにレーニンに代表される革命的な社会主義も、その必死の努力にもかかわらずその実を結ぶことはなかった。そうこするうちに、モスクワ裁判とスペイン市民戦争における大量虐殺事件が起こり、社会主義も権威を失墜していった。歴史、弁証法、全体性といった概念が攻撃の対象になりはじめたのである。それでも一九三〇年代の後半までは、少なからぬ知識人が反動的なスターリン主義に陥らない革命的なマルクス主義をトロツキーに見出し、彼に希望を託していた。しかし彼らの多くも、次第にその希望さえも失い、全体主義に対していかなるオールターナティブを提出するかといったこれまでの問題を放棄していかざるをえなかった。そうした経過のなかで、社会科学においては、「相矛盾する傾向の共存と相互浸透」(Howard Brick『Daniel Bell and the Decline of Intellectual Radicalism』一九八六年 からの矢澤の引用)を指摘しているヨーロッパの近代理論が次第に影響力を強めていった。とりわけマックス・ウェーバーの社会学が持った影響力は絶大であった。

何ゆえにヨーロッパの近代理論が、この時期に大きな影響力を持つようになったのか。それは、ヨーロッパの近代理論が「モダニティに対する徹底したアンバァバレンス」(前掲書からの矢澤の引用)の態度をとったことに求められる。その理論によれば、進歩は無限の複雑性と多様性のなかで位置づけなおされなければならない。そうすれば、進歩は懐疑され、進歩が反進歩を産み落とすといった関係も理解されてくるだろう。同様に個人主義の結果としての反個人主義、民主化の結果としての反民主主義、自由な改良の結果としてのリベラルな改良の自己崩壊といったパラドックスも理解されてくるだろう。要するにヨーロッパの近代理論は、このようなパラドックスをうまく説明することができたのでる」（一八六・一八七頁）

つまりは、距離のある社会に問題を見つけ、その解決のために社会参加したニュウヨォク知識人集団は、参加したところにふたたび距離を見出してしまったのである。どうやらニュウヨォク知識人集団は、社会から距離を保つ傾向が無くならないらしい。この距離のために、安易な参加よりも社会問題の把握に力点が置かれるようになり、ウエェバァの把握を基にした社会学を合州国で開花させてゆくのである。懐疑と理解の綱渡りのうちに、戦後の合州国社会学は成立しているのだ。

矢澤のこうした見解は、自分にとって新鮮であった。とりわけて、社会史的に思想を取り扱う態度は興味深い。いつか真似をしてやろう、と密かに思う。

密かに思っているうちに、時間が来たので表に出る。さっさと所用を済ませ、下宿へ向かった。夜も半ばに下宿に着き、さっそく乾肉、ピクルス、乾パンを喰う。腹ができたから、矢澤から刺激を受けて読みたく思ったダニエル＝ベルの『イデオロギーの終焉』（岡田直之訳　東京創元社）を開く。ベルと言ったらアメリカ文化自由会議の先鋒であり、自分の同類からは結構バッタもん扱いされているオッサンである。同類は禁欲的にも、相手陣営のものをあんまり取ることはない。自分はワガママだから、ベルだろうがポパァだろうが、もらえるものはもらう。折衷と言う者は、『三源泉』を読み返すがよい。

ところで、ベルはバッタもんではない。読み出したばかりであるけれども、『終焉』にはエラく鋭い論点が幾つも提出されているではないか。うむ、いただきである。

というところで、本日はこれまで。

二十九日　日曜

曇天。夕方より雲がはれる。昼過ぎに起床。乾パン、ピクルス、チィズを喰う。腹を作って、さっそく外出する。

諸般に入り用の品々を購入し、大荷物となる。その荷物、ちり紙なんどの類を抱えたままで大きな新刊書店に立ち寄った。大荷物を両手にぶら下げて書棚をうろちょろする姿は、我ながらよい格好だ。もちろん購入資金はまったくないから、ただの冷やかしである。

冷やかしだけでも、なかなか面白い。パレェトの『一般社会学提要』の訳本が復刻されているのを見つける。訳本は戦前のものであるから、実に半世紀ぶりの復刻である。少し覗いてみると、現代仮名遣いと当用漢字を用いた文章であった。復刻というより翻訳といった方がよい本である。訳本の翻訳とはこれ如何に、と馬鹿なことを考えながらパレェトを元に戻し、ふたたびうろちょろする。パレェトはあったけれども、ミヘルスはない。ウエェバァは無闇にあるのに、ジンメルやマンハイムは見あたらぬ。ブハァリンやプレオブラジェンスキィなんどに到っては、新刊書店で見かけたためしがない。面白いものである。

まぁ学術書の訳本なんど売れないに決まっていて、売れ筋ばかりの片寄った品揃えになっても仕方があるまい。パレェトがあるだけでも大したことではなかろうか。こう考えて、何となく洋書部の方へ足を向ける。自慢ではないが、自分は語学が物凄くできない。読めもしないくせに洋書部にふらふら向かった了見は、我が事ながら不可解である。

不可解ではあるが、とりあえず哲学書の書棚の前に立つ。書棚は、ビトゲンシュタインおよびフゥコォによって占領されていた。すみっこの方に、アリストォトルの思想だのプラトォの観念だのと題された、薄っぺらい解説書が申し訳なさそうに固まっている。ここもまた素晴らしく片寄った品揃えである。

何もはや、実に面白いではないか。巨大な新刊書店であり、在庫数十万冊を誇る規模でありながら、この始末である。社会学系の書棚であれ洋書部の書棚であれ、汗牛充棟にしてズラリと書物が並んでいる。にもかかわらず、この始末なのだから実に面白い。まったくもって面白いから、何だか「馬鹿やろ」と怒鳴りたい心持ちになってきた。

しかし、大荷物を両手にぶら下げた男が書店で怒鳴るのは、どう考えてもマズい。怒鳴るのは勇気がいる。この格好で怒鳴れば、かならず目立つ。性穏やかで協調性に富んだ自分は、勇気をふるったり目立ったりすることに向いておらぬ。ここは一つ退散しよう。こう考えて書店を後にした。

下宿へ向かう道すがら、ボンヤリと書店の片寄った品揃えのことを考える。

少なくとも、昨今の話題にのぼった本は置かれていた。話題にのぼった本は物凄い数になるから、片寄った品揃えと文句をつける方がどうかしているのかも知れぬ。話題にのぼらぬ昔の本をわざわざ置く必要は、商売上からいってもないだろう。とはいえ、次々と出てくる話題の本が、そのうち古くなり話題にのぼらなくなることは確実である。ならば、今現在において書棚を占領している本も、忘れられた昔の本と同様に、書棚から消えてゆくであろう。常に新しいもの、新しいものと書棚の中身は入れ替わるわけだ。しかし、忘れられた昔の本は、今現在において新しく感ぜられはしないだろうか。話題にのぼった新しい本は、その大抵が理解できる題目を扱っている。対照的に、忘れられた昔の本には、現代に生きる者には理解しがたい題目が多々ある。その理解しがたい題目は、既知の新しい本よりも絶対的な新しさをもたらしはしないだろうか。

未知の古い本は、絶対に新しいのだ。そこで考えねばならぬことは、未知の新しさよりも、既知の新しさが商売になるということである。似たような商売には、いわゆる情報産業なるものが挙げられよう。世にいう最新情報なるものも、最新情報と解釈する枠組みは既知のものに過ぎない。いわゆる情報産業は、既知の最新情報をもって商売をしているわけだ。もっとも自分は、こういった商売が悪いと言いたいわけではない。ただ、商売である以上、既知の新しさに対する需要があると言いたいのである。この手の商売の規模から推して、既知の新しさに対する需要は恐ろしく大きなものだと言いたいのである。知識と経済、経済と時間観の入り組んだ関係が、今現在の社会で大きな比重を占めているのだ。

右のように考えることで、どうして大きな比重を占めているのか、どうして入り組んでいるのか、いつ頃からこうなったのか、これ等の問いが浮かび上がってくる。自分はこれ等の問いに答えることができない。できないけれども、これ等の問いに答えようと努めたくは思っている。何故なら、これ等の問いこそが、現在の社会を相対化する手段であるからだ。現在の社会は自明なものではない。既知のものではない。現在の社会は「現在」にあるのだ。それ故、「現在」が如何なるものであるのか考えない限り、現在の社会を捉えることが難しい。つまり、過去から「現在」へと移り変わること、過去から新しくなることとは何かを考えなければ、現在の社会が持つ意味や新しさを把握できないのだ。この把握のためにこそ、先の問いを糸口として現在の社会を相対化しなければならない、と自分は考える。相対化することで過去と現在の比較が可能となる。比較によって現在の意味が把握できる。既知の新しさに泥んでおる限り、相対化はできないのである。
　こうボンヤリ考えているうちに下宿へ着いた。あれこれノルマをこなした後、風呂屋へ向かい、ふたたび下宿に帰ったのは夜もふけてからのことであった。茹で卵、ピクルス、乾パンを喰う。喰いながらベルの『終焉』を続きから読み出す。そのままよみつづけているうちにエラい時刻になってしまい、本を閉じた。本日はこういったところだ。

三十日　月曜

　曇天、夕方より雨。幾度か目が覚め、起きることは起きるけれども、その度にエラくダルな心持ちに襲われてしまい、結局ふたたび横になってしまう。体調が恐ろしく悪い。風邪だろうと思う。寝ておれば風邪は治るものだから、このまま寝ていようと考えた。うつらうつらして間欠的に目が覚める。目の覚める度に時計を覗いてみると、時間が物凄い速さで進んでいることが分かる。深夜にさしかかり、喉の痛みが耐え難くなってきた。仕方がないから起きあがり、のど飴と栄養物を購入する。出来合いの弁当、豆を喰う。しばらくして菓子パンも喰う。食事のついでに、ベルの『終焉』を開いて読み始めたが駄目である。まったく頭に入ってこない。そのうちに亦うつらうつらし始め、ものを喰っているのか居眠りをしているのか分からぬ状態になってきた。中途半端はマズいので、何とか食事を終えて、これを書き出した。

今日はノルマを一つもこなしていない。具合が悪いとは言え、さすがにイヤな心持ちだ。加えて、これを書くこともしないことには耐えられぬ。とはいえ、まともなことを書くことはできず、ただ一日の様子を記すに止まるけれども。

というところで、今月はこれまで。

あとがき ――『闘う読書日記』（САМИЗДАТ）について

この読書日記は作者の死の半年後、遺品の整理中に発見したものです。哲学論文や小説、そして詩などの草稿に混じって、日々の読書感想と思索の跡が綺麗に印字され月単位で綴じられていました。

49年の生涯で、作者は定業に就かず、ほとんどの時間を読書と研究に費やしていました。残念ながらその成果といえる原稿を読ませてもらったことはありませんでした。もちろん読書日記も。40歳になり突然肺癌を宣告されましたが、重大危機を乗り越え、療養生活に入りました。平穏な日々には何か書いているようでしたが、見せてはくれません。重篤になり、遺稿があれば教えて欲しいと頼みましたが首を横に振りるばかり。「自分の書くべきことは既に誰かが書いている。だから何も書かない」それが口癖でした。

発見された日記は1998年10月から突然始まり翌年の1月まで続いて、また突然予告なく途切れています。4ヶ月分きちんと印字され簡単な製本が施されてあります。自分だけの覚書ではない、誰か他者の目を意識したものだと感じました。読み進めると殆ど誤謬のない確固たる文体にも強い意思を感じました。後世に残すという覚悟の上で、まだ誰も書いていない、自分に残され、自分にしか書けない領域を必死に模索している、それも偉大な哲学者や作家たちと対等に闘いながら。ロシア文学の典型的な無用者オブローモフをひきあいにだして自虐的な日常スケッチを通奏低音で響かせているのは、対等の闘論への照れ隠しなのかも知れません。わが息子ながらこれほど時代錯誤な『刻苦の哲学の徒』の生き様を見たことはありません。勿論、日記の俎上に載せられた著作のほとんどを私は読んだことがなく、祐介の思索も私の理解のはるか域を超えるものでした。しかし、理解し得ないなりにただならぬ気迫を感じ、とても大事なことがそこに隠されていると直感できたのです。

大学の哲学科を卒業する前にソ連は崩壊、レーニンの銅像が次々破壊され、祐介の専門であるソ連史や共産党史は誰からも忘れ去られ、ひとり作者だけが時代の潮流から取り残されました。しかし共産主義への信頼やレーニン、トロッキーへの愛は薄れることはなく、頑張って耐えていれば時代が巡り、必ず正義が証明される時が来ると、そう信じていたに相違ありません。膨大な著作を維持して決して整理しょうとしなかったのはその表れでしょう。

遺された原稿が見つかるまえは、著作を残すばかりが教養人の役割ではなく人々との対話の中で論理の道筋をつけ人々を教導するのも教養人の役割などと祐介と話しあっていました。祐介は専門のドイツやロシア哲学はもとより本居宣長など日本の古典にも造詣が深く、マスコミの仕事をするわたしにとって便利すぎる教師でした。質問をすると即座に二、三冊の書籍をひっぱりだし、大切な箇所を引用し短い説明をしてくれました。祐介の頭のなかには知識が辞書に、というより巨大な蛇腹に畳み込まれた巨大俯瞰図に、収納されているようでした。沖縄に転地療養した時は、体調が良くなったら地元の青少年を対象にして塾を開こうと希望を述べていたのです。

しかし本当のところは著作を出版し自分の思索を発表したかったのだと、隠された原稿を見て強く感じました。そしてそれは世の中の風潮に抗い、社会変革を決して忘れないぞという意志表示に繋がっていたのかも知れません。

20世紀末に書かれたこの4ヶ月分の日記以外に日記はまだ見つかっていません。何故私たちに原稿を隠し続けて逝ってしまったのかわかりませんが、スターリン時代のソ連の抵抗作家が粛清の危険に晒されながら、時が来るまで原稿を机の中に隠匿し出版のチャンスを待っていたことを表す的確なロシア語があると祐介から教わったことがあります。САМИЗДАТ（サミズダット）。地下出版とか自費出版と訳せますが、作家はソルジェニーツインに代表されるとか。この記憶が朧げで今は本人に問い合わせることができないのが、残念すぎますが、30年近く机の中にしまわれていたこの原稿のタイトルは文字通りそのロシア語САМИЗДАТ（サミズダット）そのものかも知れません。

この本は早稲田大学時代の友人の皆さんの温かい協力を得て完成しました。その強い友情が存在し続けたことを知り、残された家族は底無しの虚無から救われました。鉢の木会の野尻英一さん、藤田伸一さん、高淳一さん。そして大岡淳さん。ありがとうございました。

また、何かのご縁でこの本を手にとって頂いたかたにも篤く御礼申し上げます。

祐介が読み評論したほとんどの本は早稲田、信濃町、沖縄安謝と転々とし今は京都吉田山の山頂の一室にあります。病に倒れて以来、命を守ることと書籍を守ることとは同じでした。書籍に囲まれ励まされ、おかげで9年間命を繋ぐことができたのかも知れません。

佐藤　幹夫・桂子
根本　円

佐藤祐介（さとう　ゆうすけ）

1970年8月24日　釧路で生まれる
1985年　明星高校入学
1989年　早稲田大学第一文学部哲学科入学
1993年　同大学中退
2010年　肺癌 見つかる
2011年　鹿児島オンコロジーセンターの治療で
　　　　肺癌ならびに副腎癌寛解
2016年　沖縄に転地療養
2019年12月７日　死去

闘う読書日記

二〇二一年十二月七日　初版第一刷発行

著　者　佐藤祐介
装　丁　川邉　雄・藤田伸一
発行者　宮島正洋
発行所　株式会社アートデイズ
〒160―0007　東京都新宿区荒木町13―5
四谷テアールビル2F
電　話（〇三）三三五三―二二九八
ＦＡＸ（〇三）三三五三―五八八七
http://www.artdays.co.jp
印刷所　中央精版印刷株式会社